W0373830

Nigl, Picker

Ernährung bei Erkrankung der Bauchspeicheldrüse

• **maudrich.** gesund essen

Klaus Nigl, Johanna Picker

Ernährung bei Erkrankung der Bauchspeicheldrüse

maudrich

Mit der Erscheinung
dieses Buches haben wir
zusammen mit der Druckerei FINIDR
einen neuen Baum gepflanzt.

TREE ONE FOR TITLE

FSC
www.fsc.org
MIX
Papier aus verantwortungsvollen Quellen
FSC® C014138

Bibliografische Information der Deutschen Nationalbibliothek
Die Deutsche Nationalbibliothek verzeichnet diese Publikation in der Deutschen Nationalbibliografie; detaillierte bibliografische Daten sind im Internet über http://dnb.d-nb.de abrufbar.

Bildnachweis:
S. 8, 9, 11, 15 oben, 25 oben, 90: stock.adobe.com
S. 18, 25 unten, 40, 41: istockphoto.com
S. 20, 22, 30, 58: fotolia.com
S. 39, 60, 68, 132: shutterstock.com
S. 64, 74, 82, 86, 94, 106, 118, 126, 138, 146: Victoria Posch und Esther Karner, Wien
Satz: Florian Spielauer, Wien
Umschlagbild: Victoria Posch und Esther Karner, Wien
Covergestaltung: Facultas nach einem Entwurf von Jose Coll, studiob.a.c.k.
Druck: finidr
Printed in the E. U.
ISBN 978-3-99002-125-5
e-ISBN 978-3-99111-345-4

INHALTSVERZEICHNIS

Dank

Unser Dank gilt Johanna Kopf für ihre Unterstützung bei Rezepturen und Berechnungen im Rahmen eines Praktikums.

VORWORT

Essen und Trinken dienen nicht nur der Befriedigung unseres Grundbedürfnisses nach Nahrung und Flüssigkeit, sondern sind auch Ausdruck von Kultur, Lebensfreude und sozialem Austausch. Mit dem, was wir essen und trinken, beeinflussen wir unseren Körper und dessen Zustand. Außerdem hat es auch Auswirkungen auf unsere Umwelt, beispielsweise durch die Produktionsweise der Lebensmittel, die wir auswählen, durch die damit verbundenen Transportwege und die sozialen, umwelt- und tierethischen Aspekte, die damit einhergehen. Insofern spielen neben den gesundheitlichen und krankheitsspezifischen Aspekten von Nahrungsmitteln auch viele andere Faktoren eine Rolle.

Im Vordergrund steht in diesem Buch die Ernährung bei chronischer Entzündung der Bauchspeicheldrüse (Pankreatitis) und Bauchspeicheldrüsenkrebs – beides Erkrankungen, die oft mit Appetitlosigkeit und Unsicherheit bei der Lebensmittel- und Getränkeauswahl einhergehen. Dazu kommen Themen wie ungewollter Gewichtsverlust und Mangelernährung. Die Informationen und Hilfestellungen in diesem Buch beziehen sich nicht auf die akute Phase der Erkrankung (z. B. in einem Krankenhaus), sondern in erster Linie auf die Zeit danach. Der praktischen Umsetzung mit geeigneten Rezepten und einer eventuell angezeigten Enzymeinnahme ist ein Großteil des Buches gewidmet. Abgerundet wird dies durch Hintergrundinformationen zur Bauchspeicheldrüse und Tipps zur Auswahl und Verträglichkeit von Lebensmitteln.

Dieses Buch soll Sie als Patient*in unterstützen. Eine auf Sie ganz persönlich abgestimmte Beratung und Ernährungstherapie kann dadurch aber nicht ersetzt werden. Ihre Diätologin oder Ihr Diätologe betreut Sie gerne!

Damit wüschen wir Ihnen eine Stabilisierung und, wo möglich, eine Verbesserung Ihres Gesundheits- und Ernährungszustandes, und dass auch die Freude am Kochen, Essen und Trinken wiederkommt!

Johanna Picker und Klaus Nigl

DIE BAUCHSPEICHELDRÜSE

Anatomie der Bauchspeicheldrüse

Die Bauchspeicheldrüse wird auch als Pankreas bezeichnet. Es handelt sich dabei um eine ca. 14 cm lange Drüse, die quer hinter dem Magen positioniert ist. Sie kann in drei Teile unterteilt werden: Pankreaskopf, Pankreaskörper und Pankreasschwanz. Der Pankreaskopf berührt den obersten Teil des Dünndarms (Zwölffingerdarm/Duodenum). Dort mündet der Ausführungsgang, der den Pankreassaft transportiert (Ductus pancreaticus), über die sog. Vater'sche Papille (Papilla duodeni) in den Zwölffingerdarm. An derselben Stelle mündet auch der Gallengang, der die Gallenflüssigkeit transportiert, in den Zwölffingerdarm.

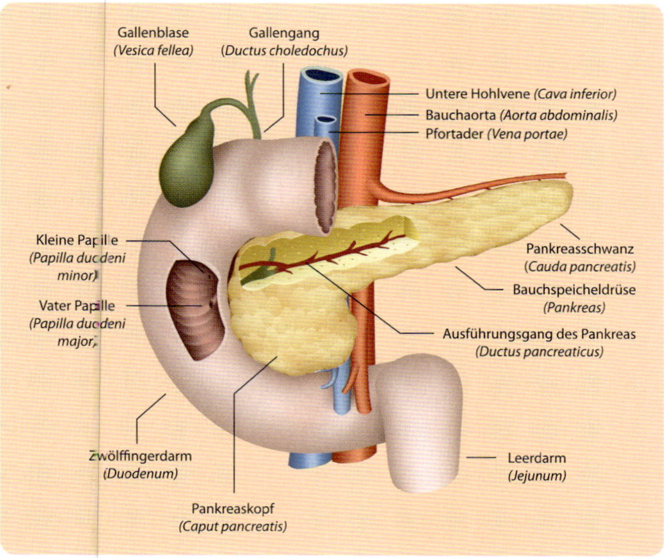

Funktionen der Bauchspeicheldrüse

Die Bauchspeicheldrüse hat eine exokrine und endokrine Funktion. Der Begriff exokrin bezieht sich im Falle der Bauchspeicheldrüse auf die Produktion von Verdauungsenzymen, der Begriff endokrin auf die Produktion von Hormonen.

Exokrine Funktion

Diese Funktion beinhaltet die Produktion des Pankreassafts, welcher in den Zwölffingerdarm abgegeben wird. Der Pankreassaft wird von den sog. Azinuszellen in der Bauchspeicheldrüse produziert und enthält wichtige Verdauungsenzyme: Amylasen (für die Kohlenhydratverdauung), Lipasen (für die Fettverdauung) und Proteasen (für die Eiweißverdauung). Damit sich die Bauchspeicheldrüse nicht selbst verdaut, liegen diese Enzyme in inaktiver Form vor und werden erst im Dünndarm aktiviert, damit die Nährstoffe dort aufgespalten werden können. Der Pankreassaft hat einen basischen pH-Wert, welcher den sauren Nahrungsbrei aus dem Magen neutralisiert. Die Freisetzung des Bauchspeicheldrüsensafts wird durch die Hormone Sekretin und Cholecystokinin aus der Darmschleimhaut ausgelöst. Erst ab einer Pankreasschädigung von 80–90 % macht sich eine Störung der Verdauungsfunktion bemerkbar.

Endokrine Funktion

Die endokrine Funktion der Bauchspeicheldrüse ist die Produktion von Hormonen durch die Langerhans-Inseln. Diese Zellen finden sich v. a. im Pankreasschwanz und produzieren folgende Hormone:

- Insulin
- Glukagon
- pankreatisches Polypeptid (pankreatisches Hormon, wirkt als Sättigungshormon)
- Somatostatin (hemmt u. a. die Ausschüttung verschiedener Hormone, z. B. Insulin und Glukagon)

Das mengenmäßig am meisten produzierte Hormon (80 %) ist Insulin. Es ist dafür zuständig, dass Traubenzucker (Glukose) aus dem Blut von den Zellen des Körpers (insbesondere Muskel- und Fettzellen) aufgenommen werden kann. Dadurch wird der Blutzucker gesenkt. Glukagon ist der Gegenspieler des Insulins. Es wird bei niedrigem Blutzuckerspiegel ausgeschüttet und sorgt in solchen Situationen für die Bereitstellung von Energie.

VERDAUUNG

Im Zuge der Verdauung wird die Nahrung im Magen-Darm-Trakt durch physikalische und chemische Prozesse zerkleinert. Enzyme helfen bei der Aufspaltung der Nahrung in ihre kleinsten Bestandteile. Die Nährstoffe werden dann über die Darmschleimhaut ins Blut bzw. in die Lymphe (wässrig-trübe Körperflüssigkeit in den Lymphgefäßen) aufgenommen.

Der Weg der Nahrung durchläuft folgende Stationen des Verdauungstrakts:

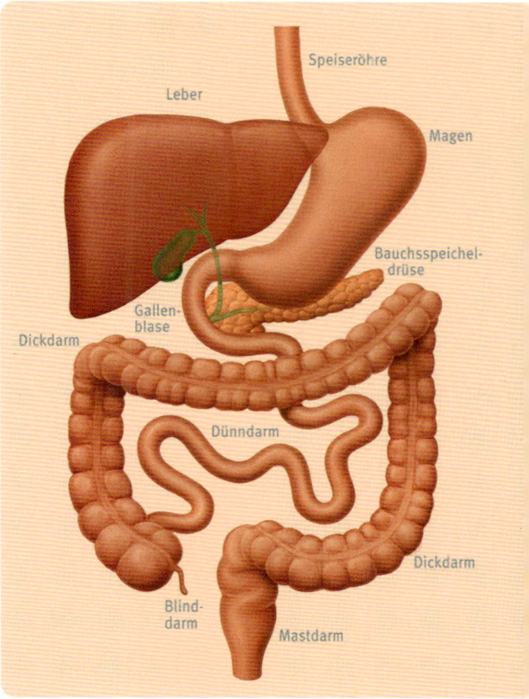

Mund

Im Mund wird die Nahrung zu einem Brei zerkaut. Beim Anblick und Geruch von Speisen wird die Speichelproduktion angeregt. Durch die Schleimstoffe im Speichel wird die Nahrung schluckfähig gemacht. Bereits im Mund werden die ersten Enzyme freigesetzt.

Speiseröhre

Die Speiseröhre ist ein ca. 25 cm langer Muskelschlauch. Mithilfe von wellenförmigen Bewegungen wird der Speisebrei innerhalb weniger Sekunden Richtung Magen transportiert.

Magen

Im Magen wird der Speisebrei durch Muskelbewegungen durchgemischt und weiter zerkleinert. Je nachdem, wie die Nahrung beschaffen ist (Konsistenz, Fettgehalt usw.), verweilt sie ein bis drei Stunden im Magen. Die Magensäure desinfiziert die Nahrung, wandelt Eisen in die aufnahmefähige Form um und aktiviert eiweißspaltende

Enzyme (Proteasen). Neben der Eiweißverdauung beginnt auch die Fettverdauung bereits im Magen, sie erfolgt durch sog. Lipasen (Verdauungsenzyme). Ist die Nahrung ausreichend vorbereitet, wird sie vom Magen portionsweise an den Dünndarm weitergegeben.

Dünndarm

Der Dünndarm ist ca. drei bis vier Meter lang und gliedert sich in drei Abschnitte: den Zwölffingerdarm, den Leerdarm und den Krummdarm. Der Dünndarm besitzt unendlich viele fingerartige Erhebungen, die man Darmzotten nennt. Durch sie wird eine bedeutende Oberflächenvergrößerung auf etwa 180 m^2 erreicht. Dadurch kann sichergestellt werden, dass ausreichend Nährstoffe in den Körper aufgenommen werden. In den Dünndarm münden außerdem die Ausführungsgänge der Gallenblase und der Bauchspeicheldrüse. Die Galle wird in der Leber gebildet und in der Gallenblase gespeichert. Sie wandelt das Nahrungsfett in winzige Fetttröpfchen (Mizellen) um, sodass diese möglichst gut von der Dünndarmschleimhaut aufgenommen werden können. Das Bauchspeicheldrüsensekret enthält Enzyme zur Spaltung von Eiweiß (Trypsin, Chymotrypsin, Elastase, Carboxypeptidase), Fett (Lipase, Colipase, Phospholipase) und Kohlenhydraten (α-Amylase). Sobald Eiweiß, Fett und Kohlenhydrate in ihre kleinsten Bestandteile gespalten wurden, werden sie über die Darmzotten ins Blut oder in die Lymphbahnen (langkettige Fettsäuren) aufgenommen. Auch Vitamine und Mineralstoffe werden über den Dünndarm aufgenommen.

Dickdarm

Im Dickdarm erfolgt die Eindickung des Speisebreis. Er spielt eine wichtige Rolle für die Aufnahme von Flüssigkeit und Elektrolyten (der Großteil der Flüssigkeit wird allerdings schon im Dünndarm aufgenommen). Außerdem beherbergt der Dickdarm ca. 100 Billionen Bakterien (Mikrobiom). Diese Bakterien erfüllen verschiedene wichtige Aufgaben; sie übernehmen z. B. teilweise die Regulierung des Immunsystems.

NÄHRSTOFFE

Kohlenhydrate und Ballaststoffe

Kohlenhydrate sind vor allem in pflanzlichen Lebensmitteln enthalten und dienen als gute Energielieferanten. Je nach Anzahl der Zuckermoleküle unterscheidet man Einfachzucker, Zweifachzucker, Mehrfachzucker und Vielfachzucker. 1 Gramm Kohlenhydrate liefert 4 Kalorien.

Einfachzucker (Monosaccharide)

Einfachzucker bestehen aus einem einzigen Zuckermolekül und müssen daher im Zuge der Verdauung nicht weiter zerlegt werden. Die bekanntesten Vertreter sind Glukose (Traubenzucker), Fruktose (Fruchtzucker) und Galaktose (Schleimzucker). Einfachzucker schmecken süß.

Traubenzucker wird rasch über den Dünndarm ins Blut aufgenommen und führt zu einem schnellen Blutzuckeranstieg. Er ist Bestandteil von Haushaltszucker, Milchzucker, Stärke und Glykogen (= Kohlenhydratspeicher in der Leber und in den Muskeln). Traubenzucker kommt in den meisten Obstsorten vor.

Fruchtzucker ist der süßeste Zucker. Er kommt in Haushaltszucker, Honig und im Großteil der Obstsorten vor. Er lässt den Blutzucker zwar nur gering ansteigen, aber ein übermäßiger Verzehr, z. B. durch große Mengen Limonade, kann zur Entwicklung einer Fettleber und eines metabolischen Syndroms führen.

Schleimzucker ist Bestandteil von Milchzucker und einigen Mehrfachzuckern. Er wird im Stoffwechsel zu Traubenzucker umgewandelt.

Zweifachzucker (Disaccharide)

Zweifachzucker bestehen aus zwei Einfachzuckern und kommen in Haushaltszucker, Milchzucker, Malzzucker und Pilzzucker (Trehalose) vor. Im Zuge der Verdauung werden sie zu Einfachzuckern abgebaut und führen daher ebenfalls zu einem raschen Blutzuckeranstieg.

Haushaltszucker (Rübenzucker, Rohrzucker, Saccharose) ist aus Traubenzucker und Fruchtzucker aufgebaut. Er ist u. a. Bestandteil von Limonaden, Süßigkeiten, Desserts und Konfitüre/Marmelade. Da übermäßiger Zuckerkonsum zu Übergewicht, Diabetes und anderen Stoffwechselerkrankungen führen kann, empfiehlt die Weltgesundheitsorganisation, maximal 5–10 % der täglich zugeführten Energie (bei 2.000 Kalorien sind das 5–10 Teelöffel) aus freien Zuckern aufzunehmen. Zu den freien Zuckern zählt nicht nur Haushaltszucker, sondern auch Trauben- und Fruchtzucker in Honig, Limonaden, Süßigkeiten usw.

Milchzucker (Laktose) besteht aus Traubenzucker und Schleimzucker. Durch das Enzym Laktase wird er in seine Einzelbestandteile gespalten. In Mitteleuropa sind etwa 15–20 % der Bevölkerung von einer Laktoseintoleranz betroffen, bei der im Laufe des Lebens die Laktaseproduktion abnimmt. Milchzucker ist in Milch, Joghurt, Topfen/Quark, Frischkäse, Sauerrahm/saurer Sahne, Schlagobers/Sahne sowie daraus hergestellten Produkten und Speisen (Milchschokolade, Cremeeis, Palatschinken/Pfannkuchen, Saucen usw.) enthalten. Hart- und Schnittkäsesorten sind quasi laktosefrei, da der Milchzucker im Zuge des Reifungsprozesses abgebaut wird.

Malzzucker besteht aus zwei Molekülen Traubenzucker und entsteht durch den enzymatischen Abbau von Stärke, z. B. beim Auskeimen von Getreide oder bei der Herstellung von Bier.

Trehalose (Pilzzucker) besteht ebenfalls aus zwei Molekülen Traubenzucker und kommt in Pilzen vor.

Mehrfachzucker (Oligosaccharide)

Mehrfachzucker bestehen aus 3–9 Einfachzuckern. Sie kommen u. a. in Hülsenfrüchten vor. Da der menschliche Körper keine Enzyme besitzt, um diese Verbindungen aufzuspalten, gelangen sie unverdaut in den Dickdarm, wo sie von den dort ansässigen Bakterien unter Gasbildung abgebaut werden. Dieser Prozess kann zu Blähungen führen.

Vielfachzucker (Polysaccharide)

Vielfachzucker bestehen aus vielen Einfachzuckern (≥ 10). Der wichtigste Vertreter ist die Stärke, die in Mehl, Brot,

Gebäck, Reis, Teigwaren etc. vorkommt. Diese Lebensmittel machen lange satt, insbesondere, wenn sie in der Vollkornvariante gegessen werden. Es wird zwischen verdaulichen (z. B. Stärke) und unverdaulichen Vielfachzuckern (Ballaststoffe) unterschieden.

Ballaststoffe

Zu den Ballaststoffen gehören Mehrfachzucker und einige Vielfachzucker wie Zellulose. Sie sind unverdaulich und dienen als Gerüstsubstanz von Pflanzen. Unlösliche Ballaststoffe (z. B. in Vollkorngetreide, Kleie) können viel Wasser binden, wodurch es zu einer Vergrößerung des Stuhlvolumens und zur Anregung der Darmtätigkeit kommt. Lösliche Ballaststoffe (z. B. in Lein- und Flohsamen, Pektin in Äpfeln) dienen den Bakterien im Dickdarm als Nahrung. Die Stoffwechselprodukte der Bakterien haben zahlreiche positive Auswirkungen auf die Gesundheit. Ein Stoffwechselprodukt sind kurzkettige Fettsäuren, die zur Energieversorgung beitragen.

Ballaststoffhaltige Lebensmittel lassen den Blutzucker langsam ansteigen und machen lange satt. Zu ihnen gehören Gemüse, Hülsenfrüchte, Obst, Nüsse, Samen und Vollkornprodukte.

Eiweiß (Protein)

Eiweiße sind aus Aminosäuren aufgebaut. Von den mehr als 20 bekannten Aminosäuren sind acht für den menschlichen Körper lebensnotwendig. Manche Proteine bestehen aus weniger als 100 Aminosäuren, andere aus mehreren Tausend. Sie liefern 4 Kalorien pro Gramm.

Eiweiß erfüllt zahlreiche Funktionen im Körper, wie z. B.:

- Aufbau und Regeneration von Körpergewebe
- Transport verschiedener Substanzen im Blut, z. B. Fette, Eisen
- sie sind Bestandteil von einigen Hormonen
- einige Eiweiße sind für die Immunabwehr zuständig (Immunglobuline)
- als Enzyme sind Eiweiße an der Aufrechterhaltung des Stoffwechsels beteiligt

Proteinreiche Lebensmittel sind Hülsenfrüchte (Linsen, Sojabohnen, Kichererbsen, Kidneybohnen etc.), Milchprodukte, Käse, Eier, Fleisch, Wurst und Fisch.

Fett (Lipide)

Fette sind wichtige Energielieferanten. 1 Gramm liefert 9 Kalorien – mehr als doppelt so viel wie 1 Gramm Kohlenhydrate oder 1 Gramm Eiweiß. Körperfett dient als Wärmeschutz und schützt zudem die inneren Organe vor mechanischen Einflüssen. Fett ist Träger von fettlöslichen Vitaminen sowie von Geschmacks- und Aromastoffen.

Es gibt mehrere Möglichkeiten, Fette zu klassifizieren, z. B. danach, ob sie bei Raumtemperatur fest oder flüssig sind. Je nachdem, wie viele Kohlenstoffatome sie besitzen, lassen sie sich in kurz-, mittel- und langkettige Fettsäuren einteilen. Letztere benötigen mehr Verdauungsschritte. Sie müssen durch die Gallensäuren emulgiert und durch die Pankreaslipase (Enzym) aufgespalten werden. Emulgieren bedeutet Verbinden von Flüssigkeiten und Fett. Dieser Vorgang ist notwendig, um Fette in eine wasserlösliche und somit transportierbare Form zu bringen, damit sie von der Darmschleimhaut aufgenommen werden können. Danach gelangen sie in die Lymphgefäße, bevor sie ins Blut übertreten. Im Gegensatz dazu benötigen kurz- und mittelkettige Fettsäuren keine Pankreaslipase zur Aufspaltung und keine Gallensäuren zur Emulgierung. Sie werden direkt vom Darm ins Blut aufgenommen und über die Pfortader zur Leber transportiert.

Der Sättigungsgrad der Fettsäuren ist eine weitere Art, Fette einzuteilen. Es gibt gesättigte, einfach ungesättigte und mehrfach ungesättigte Fettsäuren. Bei den mehrfach ungesättigten Fettsäuren kann wiederum zwischen Omega-6- und Omega-3-Fettsäuren unterschieden werden. Omega-6- und Omega-3-Fettsäuren können das „schlechte" Cholesterin (low-density lipoprotein, LDL) senken. Gesättigte Fettsäuren hingegen können es erhöhen. Es ist daher darauf zu achten, dass von der Menge an Fett, die pro Tag zugeführt werden soll (ca. 30 % der Nahrung), je 10 % einfach und mehrfach ungesättigte Fettsäuren und max. 10 % gesättigte Fettsäuren ausmachen. Aus mehrfach ungesättigten Fettsäuren können außerdem Stoffe gebildet werden, die entzündungshemmend, gefäßerweiternd und gerinnungshemmend wirken (sog. Eicosanoide).

Mehrfach ungesättigte Fettsäuren sind in Nüssen und Samen sowie in pflanzlichen Ölen wie Walnuss-, Raps-, Sonnenblumen-, Weizenkeim-, Soja- und Maiskeimöl enthalten. Außerdem kommen sie in fettreichen Fischen, Fischöl und Algen vor. Quellen für einfach ungesättigte Fettsäuren sind ebenfalls pflanzliche Öle, z. B. Raps-, Oliven- oder Erdnussöl. Gesättigte Fettsäuren kommen v. a. in fetten tierischen Lebensmitteln wie Butter, Schmalz, fettem Fleisch, Wurst, fettreichen Milchprodukten und Käse vor. Zudem sind sie in Kokosfett/-öl und Palmkernöl enthalten.

Darüber hinaus gibt es Trans-Fettsäuren. Diese entstehen z. B., wenn Pflanzenöle zu hoch, zu lange oder wiederholt erhitzt werden. Sie können den LDL-Cholesterin- und den Triglyceridspiegel (Blutfette) ansteigen und den HDL-Cholesterinspiegel (high-density lipoprotein, „gutes" Cholesterin) absinken lassen. Da sie das Risiko für Herz-Kreislauf-Erkrankungen erhöhen, soll ihr Konsum auf max. 1 % der täglich zugeführten Energie begrenzt werden. Trans-Fettsäuren sind in industriell gefertigten Backwaren (Blätter-/Plunderteig), in Backmargarine (nicht in Speisemargarine) und in Fertigprodukten zu finden.

ENERGIE-, NÄHRSTOFF- UND FLÜSSIGKEITSBEDARF

Der Energiebedarf errechnet sich aus dem Grundumsatz und dem Leistungsumsatz. Der Grundumsatz ist jene Energiemenge, die der Körper in Ruhe für die Aufrechterhaltung der Organfunktionen benötigt. Der Leistungsumsatz ist jene Energiemenge, die für körperliche Aktivität notwendig ist.

Beispiel-Patient*in

Zur besseren Verständlichkeit werden die Bedarfsberechnungen und die Tagesspeisepläne in diesem Buch auf zwei beispielhafte Personen ausgerichtet.

Frau A.

Frau A. ist 67 Jahre alt und leidet an Bauchspeicheldrüsenkrebs. Sie ist 165 cm groß und wiegt aktuell 55 kg. Bis vor einem halben Jahr wog sie noch 62 kg – sie hat ungewollt 7 kg verloren. Ihr Ziel ist es, das Gewicht zunächst zu stabilisieren und danach langsam wieder zuzunehmen.

Herr M.

Herr M. ist 53 Jahre alt und leidet an chronischer Pankreatitis. Bei einer Größe von 184 cm wiegt er momentan 75 kg. Auch er hat ungewollt Gewicht verloren. Bis vor 3 Monaten wog er noch 77 kg. Er möchte sein Gewicht stabil bei 75 kg halten.

Energiebedarf bei Pankreaserkrankungen

In Leitlinien medizinischer Fachgesellschaften werden Faustregeln für die Errechnung des Gesamtenergiebedarfs (Grundumsatz und Leistungsumsatz) festgelegt. Um den Gesamtenergiebedarf zu berechnen, wird das Körpergewicht mit einem bestimmten Faktor multipliziert.

Referenzwerte für den Energiebedarf bei Pankreaserkrankungen

akute Pankreatitis	25–30 kcal pro Kilogramm Körpergewicht
chronische Pankreatitis	25–30 kcal pro Kilogramm Körpergewicht (ggf. bis zu 35 kcal pro Kilogramm Körpergewicht)
Pankreaskarzinom	25–30 kcal pro Kilogramm Körpergewicht (abhängig vom Ausmaß der körperlichen Aktivität, in Einzelfällen kann mehr Energie zur Aufrechterhaltung bzw. Optimierung des Ernährungszustandes notwendig sein)

Beispiel für die Berechnung des Gesamtenergiebedarfs:

♀: **Frau A.** wiegt 55 kg, hat Bauchspeicheldrüsenkrebs und strebt nach einem ungewollten Gewichtsverlust eine Gewichtsstabilisierung bzw. -zunahme an:
55 kg × 35 kcal = **1.925 kcal/Tag**

♂: **Herr M.** wiegt 75 kg, hat eine chronische Pankreatitis und möchte sein Körpergewicht halten:
75 kg × 30 kcal = **2.250 kcal**

Eiweißbedarf

Der Eiweißbedarf liegt bei Menschen mit Erkrankungen der Bauchspeicheldrüse höher als bei Gesunden. Gründe dafür sind u. a. das Entzündungsgeschehen, der gesteigerte Proteinabbau (Proteinkatabolismus), die exokrine Pankreasinsuffizienz (verminderte oder fehlende Produktion von Verdauungsenzymen der Bauchspeicheldrüse, siehe dazu auch Kap. „Exokrine Pankreasinsuffizienz“, S. 29), durch die es zu einer eingeschränkten Verdauung von Nährstoffen kommen kann, sowie das Vorliegen einer Mangelernährung.

Referenzwerte für den Eiweißbedarf bei Pankreaserkrankungen

akute Pankreatitis	1,2–1,5 g Eiweiß pro kg Körpergewicht
chronische Pankreatitis	1,0–1,5 g Eiweiß pro kg Körpergewicht
Pankreaskarzinom	1,0–1,5 g Eiweiß pro kg Körpergewicht (ggf. bis zu 2 g pro kg Körpergewicht)
nach Pankreas-OP	ca. 1,5 g Eiweiß pro kg Körpergewicht

Beispiel für die Berechnung des Eiweißbedarfs von Frau A. und Herrn M.:

♀: 55 kg × 1,2 g Eiweiß = 66 g Eiweiß/Tag

♂: 75 kg × 1,2 g Eiweiß = 90 g Eiweiß/Tag

Fettbedarf

Die Fettzufuhr soll bei gesunden Erwachsenen 30 % der Gesamtenergie des Tages ausmachen. Entgegen früheren Meinungen soll auch bei chronischer Pankreatitis und Pankreaskarzinom keine Einschränkung der Fettzufuhr erfolgen, denn dies könnte auf Kosten einer ausreichenden Energieversorgung gehen. Ein Fettanteil von 30–40 % wird üblicherweise gut toleriert. Abgesehen von der Abstimmung der Fettzufuhr auf die individuelle Verträglichkeit ist vor allem auf eine ausreichende Substitution von Pankreasenzymen zu achten, damit die Nährstoffe, insbesondere Fett, adäquat verdaut werden können (siehe dazu Kap. „Enzympräparate", S. 48). Beträgt die Stuhlfettausscheidung über 20 g/Tag, kann der Einsatz von MCT-Fetten angedacht werden (siehe dazu Kap. „MCT-Fette", S. 44).

Beispiel für die Berechnung des Fettbedarfs von Frau A. (35 %) und Herrn M. (35 %):

♀: Der Energiebedarf von Frau A. beträgt 1.925 kcal/Tag, 1 g Fett liefert 9 kcal

→ 1.925 kcal × 0,35 = 673,75 kcal

→ 673,75 kcal : 9 kcal = **75 g Fett**

♂: Der Energiebedarf von Herrn M. beträgt 2.250 kcal/Tag, 1 g Fett liefert 9 kcal

→ 2.250 × 0,35 = 787,5 kcal

→ 787,5 kcal : 9 kcal = **88 g Fett**

Kohlenhydratbedarf

Die Kohlenhydratzufuhr richtet sich sowohl bei gesunden als auch bei kranken Personen nach der Energie-, Eiweiß- und Fettzufuhr. Zuerst werden der Eiweiß- und der Fettbedarf festgelegt. Danach wird die Differenz zum Energiebedarf berechnet, der über Kohlenhydrate gedeckt werden soll.

Beispiel für die Berechnung des Kohlenhydratbedarfs von Frau A. und Herrn M.:

♀: Frau A.:

- Energiebedarf: 1.925 kcal/Tag
- Eiweißbedarf: 66 g/Tag
  (= 264 kcal, 1 g Eiweiß liefert 4 kcal)
- Fettbedarf: 75 g/Tag
  (= 673,75 kcal, 1 g Fett liefert 9 kcal)

1.925 kcal – 264 kcal (Eiweiß) – 673,75 kcal (Fett) =
987,25 kcal

Rund 987 kcal sollen über Kohlenhydrate zugeführt werden.
1 g Kohlenhydrate liefert 4 kcal.
987 kcal entsprechen daher 247 g Kohlenhydraten
(987 kcal : 4 = 247 g).

♂: Herr M.:

- Energiebedarf: 2.250 kcal/Tag
- Eiweißbedarf: 90 g/Tag
  (= 360 kcal, 1 g Eiweiß liefert 4 kcal)
- Fettbedarf: 88 g/Tag
  (= 787,5 kcal, 1 g Fett liefert 9 kcal)

2.250 kcal – 360 kcal (Eiweiß) – 787,5 kcal (Fett) =
1.102,5 kcal

Rund 1.103 kcal sollen über Kohlenhydrate zugeführt werden. 1 g Kohlenhydrate liefert 4 kcal. 1.103 kcal entsprechen daher 276 g Kohlenhydraten (1.103 kcal : 4 = 276 g).

Der Ballaststoffbedarf beträgt üblicherweise 30 g/Tag. Von einer Ballaststoffzufuhr, die über das normale Maß hinausgeht, wird abgeraten, da diese die Wirkung der Pankreasenzym-Supplemente negativ beeinflussen kann.

Flüssigkeitsbedarf

Der Flüssigkeitsbedarf beträgt i.d.R. 30–40 ml pro Kilogramm Körpergewicht. In bestimmten Situationen besteht ein erhöhter Flüssigkeitsbedarf. Hierzu zählen z.B. Hitze, Fieber, Erbrechen oder Durchfall. Bestehen Erkrankungen, bei denen es vermehrt zu Wassereinlagerungen im Gewebe kommen kann (z.B. Herz-, Lungen-, Leber-, Nierenerkrankungen), kann es notwendig sein, die Flüssigkeitszufuhr einzuschränken. Im Idealfall besprechen Sie Ihren Flüssigkeitsbedarf mit Ihrer behandelnden Ärztin oder Ihrem behandelnden Arzt.

Der Großteil des Flüssigkeitsbedarfs wird über Getränke gedeckt. Ein geringerer Anteil wird über wasserhaltige Lebensmittel (Gemüse, Obst, Kompott, Suppe, Joghurt, Milch ...) zugeführt.

Beispiel für die Berechnung des Flüssigkeitsbedarfs von Frau A. bzw. Herrn M.:

♀: 55 kg × 30 ml = 1.650 ml

♂: 75 kg × 30 ml = 2.250 ml

FESTSTELLUNG DES ERNÄHRUNGSZUSTANDS

Es gibt unterschiedliche Methoden zur Bestimmung des Ernährungszustands. Manche davon können selbstständig zu Hause angewendet werden, andere müssen professionell im Zuge eines diätologischen oder ärztlichen Termins erfolgen.

Bestimmung des Body-Mass-Index (BMI)

Der BMI gibt das Verhältnis zwischen Körpergröße und Körpergewicht an. Voraussetzung für die Bestimmung ist, dass Sie Ihr aktuelles Körpergewicht und Ihre Körpergröße kennen. Mittels BMI kann festgestellt werden, ob Sie normalgewichtig, unter- oder übergewichtig sind.

Berechnung: BMI = Körpergewicht (kg)/ [Körpergröße (m)]^2

Einteilung des Body-Mass-Index für Erwachsene bis 65 Jahre

Einteilung	BMI (kg/m^2)
Untergewicht	< 18,5
Normalgewicht	18,5–24,9
Übergewicht	≥ 25,0
Adipositas	≥ 30,0

Einteilung des Body-Mass-Index für Erwachsene über 65 Jahre

Einteilung	BMI (kg/m^2)
Schwere Mangelernährung	< 18,5
Leichte Mangelernährung	18,5–19,99
Risiko für Mangelernährung	20–21,99
Normalgewicht	22,0–26,99
Übergewicht	27,0–29,99
Adipositas	≥ 30,0

Beispiel für die Berechnung des BMI bei Frau A. und Herrn M.:

♀: 55 kg, 165 cm, 67 Jahre
BMI = 55 kg / (1,65 m)^2 = 20 kg/m^2 =
Risiko für Mangelernährung

♂: 75 kg, 184 cm, 53 Jahre
BMI = 75 kg / (1,84 m)^2 = 22 kg/m^2 = Normalgewicht

Die Grenzen des BMI liegen darin, dass damit keine Aussagen über die Körperzusammensetzung oder den Gewichtsverlauf getroffen werden können. Ein hoher BMI muss nicht zwingend durch Übergewicht bedingt sein. Es können auch eine hohe Muskelmasse oder Wassereinlagerungen dafür verantwortlich sein. Ein übergewichtiger Mensch, der ungewollt innerhalb kurzer Zeit 10 kg verloren hat, kann lt. BMI noch immer übergewichtig sein, obwohl er bspw. Muskelmasse verloren hat und einen Proteinmangel aufweist.

Gewichtsverlauf

Grundsätzlich kann zwischen einem stabilen Körpergewicht, einer Gewichtszunahme und einer Gewichtsabnahme unterschieden werden. Wichtig dabei ist, ob die Gewichtsveränderung beabsichtigt oder ungewollt war. Eine Gewichtszunahme kann durch die Zunahme von Muskelmasse (z.B. durch Training), die Zunahme von Fettmasse (hohe Energiezufuhr), aber auch durch Wassereinlagerungen im Gewebe zustande kommen. Ein Gewichtsverlust kann bewusst herbeigeführt werden (z.B. durch energiereduzierte Kost), jedoch auch ungewollt auftreten. Zweiteres ist häufig bei Erkrankungen der Fall.

Ein signifikanter krankheitsbedingter Gewichtsverlust besteht, wenn das Körpergewicht innerhalb von 6 Monaten ungewollt um 10 % oder mehr bzw. innerhalb von 3 Monaten um 5 % oder mehr abgenommen hat. Ein signifikanter Gewichtsverlust kann den Krankheitsverlauf verschlechtern.

Beispiel für den Gewichtsverlauf bei Frau A. und Herrn M.:

♀: Frau A. wiegt aktuell 55 kg. Bis vor einem halben Jahr wog sie noch 62 kg. Sie hat ungewollt 7 kg verloren. Das entspricht einem Gewichtsverlust von 11 % innerhalb von 6 Monaten, also einem signifikanten Gewichtsverlust.

♂: Herr M. wiegt aktuell 75 kg. Bis vor 3 Monaten wog er noch 77 kg. Er hat ungewollt 2 kg verloren. Das entspricht einem Gewichtsverlust von ~ 3 % innerhalb von 3 Monaten. Der Gewichtsverlust ist nicht signifikant, dennoch sollte der Verlauf weiter beobachtet werden.

Gewichtsveränderungen lassen sich nicht nur auf der Waage feststellen. Achten Sie daher auch darauf, wie Ihnen Ihre Kleidung passt. Wenn Ihr Hosen- oder Rockbund weiter wird oder Sie Ihren Gürtel enger schnallen müssen, kann das auf einen Gewichtsverlust hindeuten.

Mangelernährungsscreening

Es gibt verschiedene Mangelernährungsscreenings. Meistens werden sie im stationären und/oder ambulanten Bereich von Kliniken durchgeführt. Mithilfe verschiedener Fragen zu Gewichtsverlauf, Appetit, Nahrungszufuhr u.Ä. kann festgestellt werden, ob eine Mangelernährung oder ein Risiko dafür besteht. Für Menschen mit Pankreaserkrankungen wird ein Screening für Mangelernährung empfohlen.

Bioelektrische Impedanz-Analyse

Die Bioelektrische Impedanz-Analyse (BIA) erfolgt mit einem speziellen Gerät. Mithilfe des Widerstands des Körpers gegen schwachen Wechselstrom wird die Körperzusammensetzung gemessen. Die Analyse erlaubt einen Rückschluss auf die Muskel- bzw. Zellmasse, die Fettmasse und das Körperwasser. Treten Gewichtsveränderungen auf, kann festgestellt werden, ob diese durch Zu- oder Abnahme von Muskelmasse, Fettmasse oder Körperwasser bedingt sind. Eine BIA können Sie bei Ihrer Diätologin bzw. Ihrem Diätologen durchführen lassen.

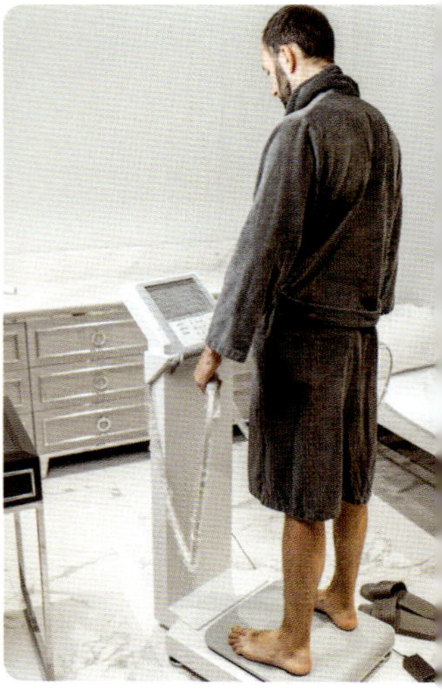

Messung der Handkraft

Die Messung der Handkraft erfolgt mit einem Handdynamometer. Kommt es zum Muskelauf- oder -abbau, geht damit auch eine Veränderung der Muskelfunktion einher. Diese kann mittels Handkraftmessung erfasst werden. Veränderungen der Handkraft werden früher sichtbar als Veränderungen der Muskelmasse, die durch eine BIA nachgewiesen werden können. Eine Verminderung der Handkraft kann den Verlauf von Erkrankungen verschlechtern. Eine Handkraftmessung können Sie ebenfalls bei Ihrer Diätologin bzw. Ihrem Diätologen durchführen lassen.

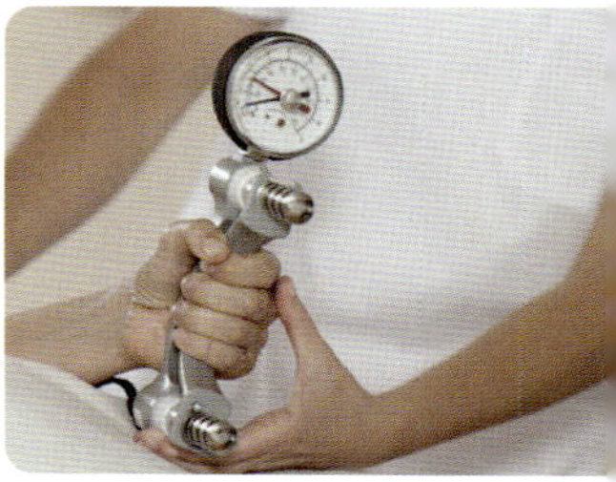

Laborwerte

Neben den beschriebenen Messungen kann auch über Laborparameter eine Aussage über den Ernährungszustand getroffen werden. Zu diesen Parametern gehören u. a. der **Albumin-** und der **Präalbumin-Wert**. Es handelt sich dabei um Eiweiße, die im Zuge einer Blutabnahme bestimmt werden können. Der Normbereich für Albumin beträgt 35–45 g/l, jener für Präalbumin 150–300 mg/dl. Die Normbereiche können je nach Labor leicht variieren. Niedrigere Werte deuten auf eine katabole Stoffwechsellage, bei der vermehrt Körpermasse abgebaut wird, sowie auf eine Mangelernährung hin. Verschiedene Faktoren (z. B. Wassereinlagerungen, Entzündungen, Eiweißverlust über die Niere) beeinflussen diese beiden Werte, deshalb ist es wichtig, dass sie immer in Zusammenschau mit Ihren Befunden von Ihrer Ärztin bzw. Ihrem Arzt beurteilt werden. Weitere Beispiele für Laborparameter, die in Zusammenhang mit dem Ernährungszustand betrachtet werden können, sind Transferrin (Protein, das Eisen transportiert) und retinolbindendes Protein (bindet Vitamin A). Neben der Beurteilung von Symptomen, die auf einen Mangel hindeuten, können auch Mikronährstoffmängel durch Kontrolle verschiedener Laborwerte aufgezeigt werden (z. B. Vitamin D, Eisen, Folsäure).

ERKRANKUNGEN DER BAUCHSPEICHELDRÜSE

Akute Pankreatitis (plötzlich auftretende Entzündung der Bauchspeicheldrüse)

Die akute Pankreatitis ist eine plötzlich auftretende Entzündung der Bauchspeicheldrüse, deren Hauptauslöser Gallensteinerkrankungen (35–40 %) und Alkoholmissbrauch (30–35 %) sind. Weitere 15 % entstehen aus unbekannter Ursache.

Leitsymptom sind **Oberbauchschmerzen,** die in den Rücken und teilweise auch in den Unterbauch und Rumpf ausstrahlen. Zusätzlich können u. a. Fieber, Erbrechen, Aszites (Flüssigkeitsansammlung in der Bauchhöhle), Darmverschluss und ein akutes Abdomen (starker Bauchschmerz mit Störungen der Darmtätigkeit) auftreten.

Im Rahmen der Diagnostik kann ein Anstieg der Lipase (Enzym der Bauchspeicheldrüse) im Blut auf mehr als das Dreifache des oberen Normalwerts festgestellt werden bzw. können Veränderungen der Bauchspeicheldrüse durch bildgebende Verfahren nachgewiesen werden. Eine akute Bauchspeicheldrüsenentzündung ist jene Erkrankung im Magen-Darm-Trakt, die am häufigsten einen Krankenhausaufenthalt erforderlich macht. In 80 % der Fälle verläuft die Erkrankung mild, die restlichen 20 % der Erkrankten entwickeln hingegen eine akute nekrotisierende Pankreatitis, bei der das Bauchspeicheldrüsengewebe abstirbt, mit einem hohen Risiko für Organversagen (38 %) und einer Sterblichkeit von 15 %.

Bei der Behandlung stehen vor allem eine Flüssigkeits- und Schmerzmittelgabe im Vordergrund, ggf. ergänzt durch eine ERCP (endoskopische retrograde Cholangiopankreatikografie, endoskopisches Verfahren, bei dem der Bauchspeicheldrüsen- und der Gallengang mit einem Kontrastmittel aufgefüllt und durch Röntgenstrahlung bildlich dargestellt werden), eine Antibiotikagabe sowie chirurgische Eingriffe. Bei schweren Verläufen ist eine intensivmedizinische Betreuung erforderlich.

Ernährungstherapeutisch ging man früher davon aus, dass ein Verzicht auf jegliche Nahrung notwendig sei, um die Bauchspeicheldrüse „ruhigzustellen". Heute gilt diese Annahme als überholt. So bald wie möglich mit einer normalen Ernährung zu beginnen, unabhängig vom Lipase-Wert im Blut, kann sich sogar positiv auf das Risiko für Infektionen und Organversagen, die Krankenhausverweildauer und die Sterblichkeit auswirken. Patient*innen, die innerhalb von 5–7 Tagen keine Nahrung auf oralem Wege zuführen können, benötigen eine künstliche Ernährung, wobei der enteralen Ernährung (über eine Magen- oder Darmsonde) gegenüber der parenteralen Ernährung (über eine Vene als Infusion) der Vorzug gegeben werden soll. Da Personen mit akuter Pankreatitis im Krankenhaus betreut werden, werden die ernährungstherapeutischen Aspekte dazu in diesem Buch nicht näher erläutert.

Chronische Pankreatitis (Dauerhafte Entzündung der Bauchspeicheldrüse)

Unter chronischer Pankreatitis versteht man eine schubweise auftretende, fortschreitende Entzündung der Bauchspeicheldrüse. Dabei kommt es zu einer zunehmenden Vernarbung des Organs, wobei aus Funktionsgewebe (Insel- und Azinuszellen) Bindegewebe entsteht. Eine Vielzahl von Faktoren beeinflusst die Entstehung und den Verlauf der Erkrankung, als wichtigster Aspekt ist jedoch der chronische Alkoholkonsum zu nennen, welcher in 50–70 % der Fälle der Auslöser ist. 10–15 % der chronischen Pankreatitiden sind genetisch bedingt und bei etwa 20–30 % ist die Ursache unbekannt. Weiters erhöht Rauchen das Risiko, eine Pankreatitis zu entwickeln, mehrfach bzw. begünstigt das Fortschreiten der Erkrankung.

Leitsymptome einer chronischen Bauchspeicheldrüsenentzündung sind **chronische Schmerzen** und **Fettstühle** (Steatorrhoe). Beides kann zu Gewichtsverlust und Mangelernährung führen und ist Zeichen einer exokrinen und endokrinen Pankreasinsuffizienz (Diabetes mellitus Typ 3c). Die Insuffizienz (Funktionsschwäche) des Organs zeigt sich oft erst im späteren Krankheitsverlauf, ca. zehn Jahre nach dem ersten Schub, wenn bereits mehr als 90 % der Organfunktion verloren gegangen sind. Im Verlauf kann es zu einer Vielzahl von Komplikationen wie Pseudozysten (flüssigkeitsgefüllte Kammern), Fisteln (krankhafte Gänge zwischen Organen oder Organen und der Hautoberfläche), Stenosen (Verengungen), Gefäßkomplikationen, Osteoporose (Knochenschwund) und insulinpflichtigem Diabetes kommen. Zudem steigt das Risiko für Bauchspeicheldrüsenkrebs.

Die Vorgehensweise bei der Behandlung orientiert sich an den Symptomen und hat zum Ziel, die Lebensqualität der Betroffenen zu erhalten. Die konservative Therapie umfasst eine Alkohol- und Nikotinkarenz, eine Schmerztherapie und, wenn eine exokrine oder endokrine Pankreasinsuffizienz besteht, eine Enzymersatztherapie und eine adäquate Blutzuckereinstellung. Zusätzlich können endoskopische und chirurgische Eingriffe notwendig sein. Durch operative Maßnahmen soll das Fortschreiten der Erkrankung verzögert bzw. das Risiko für ein Pankreaskarzinom (Bauchspeicheldrüsenkrebs) verringert werden.

Exokrine Pankreasinsuffizienz

Unter einer exokrinen Pankreasinsuffizienz versteht man die eingeschränkte Fähigkeit der Bauchspeicheldrüse, Verdauungsenzyme und -säfte zu produzieren, wodurch es zu einer Störung der Fettverdauung kommt. Die Kohlenhydrat- und Eiweißverdauung wird durch Enzyme des Dünndarms kompensiert. Zur Diagnosestellung werden Enzymtests im Stuhl durchgeführt. Hauptursachen sind eine chronische Pankreatitis, Bauchspeicheldrüsenkrebs und Pankreasoperationen, bei denen Teile des Organs oder das komplette Organ entfernt wurden.

Symptome sind Durchfälle, Steatorrhoe (Fettstühle = übelriechende Stühle mit sichtbaren Fettaugen), Blähungen, Bauchschmerzen, Übelkeit, Erbrechen, Gewichtsverlust und Mangelernährung. Bei schwerer exokriner Pankreasinsuffizienz kommt es durch den Verlust von Fett auch zum Verlust von fettlöslichen Vitaminen (A, D, E und K). Auch ein Mangel an Kalzium, Magnesium, Zink, Vitamin B_1 und Folsäure kann auftreten.

Ernährungstherapeutisch liegt der Fokus auf dem Ersatz von Pankreasenzymen. Mithilfe von Enzympräparaten (meist in Kapselform), die die Betroffenen einnehmen, kann das Nahrungsfett verdaut werden. Dadurch gelingt es auch, einem Gewichtsverlust sowie einem Mangel an Nährstoffen entgegenzuwirken. Von einer Reduktion von Nahrungsfett ist abzuraten – dies würde eine Mangelernährung zusätzlich begünstigen.

Endokrine Pankreasinsuffizienz (pankreopriver Diabetes, Diabetes mellitus Typ 3c)

Die häufigste Ursache für eine endokrine Pankreasinsuffizienz (eingeschränkte Hormonproduktion der Bauchspeicheldrüse) ist die chronische Pankreatitis. Aber auch eine akute Pankreatitis, Bauchspeicheldrüsenkrebs und Pankreasoperationen können dazu führen. Parallel zur exokrinen Funktion kann sich auch die endokrine Funktion verschlechtern. Die Insulin- und die Glukagonproduktion nehmen ab, die Folge ist ein sog. pankreopriver Diabetes (oder Diabetes mellitus Typ 3c). Deshalb sollten der Langzeitblutzucker (HbA_{1c}) und der Nüchternblutzucker bei Patient*innen mit Pankreaserkrankungen regelmäßig kontrolliert werden. Da es neben dem Ausfall von Insulin (senkt den Blutzucker) auch zum Ausfall von Glukagon (erhöht den Blutzucker bei Unterzucker) kommt, sind Unterzuckerungen (Hypoglykämien) häufig.

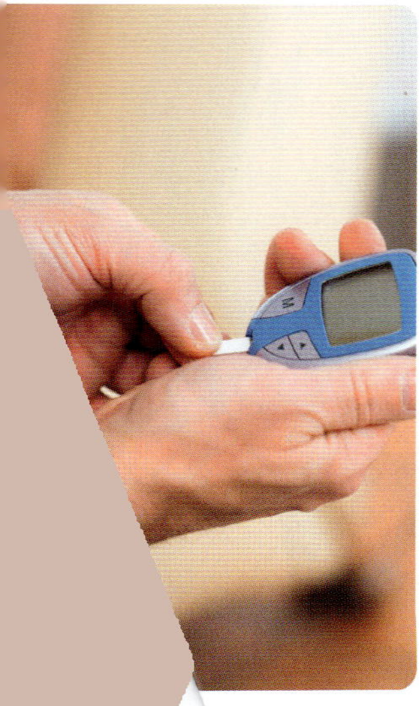

Die Wahl der Therapie hängt vom Ausmaß der Restinsulinproduktion ab. Ist eine Restinsulinproduktion vorhanden, erfolgt die Therapie wie bei Diabetes mellitus Typ 2, d. h. primär über Medikamente sowie über eine angepasste Ernährung und Bewegung. Ist keine Restinsulin- und Glukagonproduktion mehr vorhanden, z. B. bei schwerer chronischer Pankreatitis oder einer kompletten operativen Entfernung der Bauchspeicheldrüse (totale Pankreatektomie), ist eine Insulintherapie notwendig. Da meist keine Insulinresistenz (schlechte Insulinwirkung) vorliegt und Glukagon als Gegenspieler des Insulins fehlt, sind oft nur geringe Insulinmengen notwendig.

Ernährungstherapeutisch soll der Fokus auf der Auswahl geeigneter Kohlenhydrate liegen, die den Blutzucker langsam ansteigen lassen. Ballaststoffreiche Vollkornprodukte sollen im Gegensatz zu Weißmehlprodukten bevorzugt werden. Zuckerreiche Lebensmittel und Getränke wie Süßigkeiten, Fruchtsäfte, Limonaden u.Ä. lassen den Blutzucker rasch ansteigen und sollen daher vermieden werden. Bei einer Insulintherapie kann das Berechnen von Broteinheiten notwendig sein (s. dazu Kap. „Insulintherapie und Broteinheiten“, S. 43).

Bauchspeicheldrüsenkrebs (Pankreaskarzinom)

Bei Bauchspeicheldrüsenkrebs handelt es sich um einen Tumor im Bereich der Bauchspeicheldrüse. Die Lage und Größe des Tumors sind entscheidend für den Verlauf der Erkrankung und dafür, welches Operationsverfahren zur Anwendung kommt. Je nach Ausgangslage kann auch eine Chemotherapie sinnvoll sein. Je nachdem, welche Operation durchgeführt wird, kann es dadurch zu einer exokrinen und/oder endokrinen Pankreasinsuffizienz kommen.

Die Symptome von Bauchspeicheldrüsenkrebs sind unspezifisch (Übelkeit, Erbrechen, Durchfall, Bauchschmerzen), weshalb die Erkrankung oft erst spät entdeckt wird. Die späte Diagnosestellung und die aggressive Metastasierung wirken sich ungünstig auf die Prognose aus.

Die Ernährungstherapie orientiert sich an den Empfehlungen für Krebserkrankungen.

Operationen an der Bauchspeicheldrüse

Eine chronische Pankreatitis oder Bauchspeicheldrüsenkrebs sind Erkrankungen, die Operationen an der Bauchspeicheldrüse notwendig machen können. Es gibt verschiedene OP-Verfahren, bei denen unterschiedliche Teile der Bauchspeicheldrüse entfernt werden. Einen Auszug davon zeigt diese Auflistung:

- **Whipple-OP:** Entfernung von Pankreaskopf, Zwölffingerdarm, Gallenblase, Hauptgallengang (Ductus choledochus) und einem Teil des Magens

- **partielle Duodenopankreatektomie:** Entfernung von Pankreaskopf, Zwölffingerdarm, Gallenblase, Hauptgallengang (Ductus choledochus) und Lymphknoten
- **totale Pankreatektomie:** Entfernung der kompletten Bauchspeicheldrüse, des Zwölffingerdarms, der Gallenblase, der Milz und eines Teils des Magens
- **Pankreaslinksresektion:** Entfernung von Pankreasschwanz, ggf. von Teilen des Pankreaskörpers und ggf. der Milz

Je nach Operation kann es, wie bereits beschrieben, zu einer exokrinen und/oder endokrinen Pankreasinsuffizienz kommen.

MANGELERNÄHRUNG BEI ERKRANKUNGEN DER BAUCHSPEICHELDRÜSE

Viele Personen mit Bauchspeicheldrüsenerkrankungen sind von Mangelernährung betroffen. Verschiedene Faktoren, z. B. verminderte Albuminspiegel oder die Abnahme von Muskelmasse, können darauf hindeuten. Veränderungen, die Sie als Patient*in selbst beobachten können, sind die Abnahme des Körpergewichts und die veränderte Passform der Kleidung. Kleidung, die immer weiter wird, und eine Waage, die immer weniger anzeigt, können ein Hinweis auf Mangelernährung sein. Dabei muss erwähnt werden, dass auch Personen, die nach BMI übergewichtig sind, mangelernährt sein können.

Gründe für eine Mangelernährung sind eine reduzierte Nahrungsaufnahme aufgrund von Schmerzen, ein erhöhter Grundumsatz sowie eine exokrine Pankreasinsuffizienz. Neben der Bestimmung des Ernährungszustands mittels Gewichtsverlauf, Bioelektrischer Impedanz-Analyse, Albuminstatus u. Ä. soll bei Betroffenen einmal jährlich eine Kontrolle folgender Mikronährstoffe erfolgen:

- fettlösliche Vitamine (A, D, E, K)
- wasserlösliche Vitamine wie Folsäure, Vitamin B_1 und B_{12}
- Mineralstoffe wie Magnesium, Eisen, Zink und Selen

Da es, wie bereits erwähnt, im Zuge einer exokrinen Pankreasinsuffizienz zu Fettstühlen kommen kann, bei denen die fettlöslichen Vitamine gemeinsam mit dem Nahrungsfett über den Darm verloren gehen, ist ein Mangel der Vitamine A, D, E und K häufig. Im Falle von Mikronährstoffdefiziten kann eine Einnahme von Nahrungsergänzungsmitteln notwendig sein. Halten Sie diesbezüglich Rücksprache mit Ihrer Ärztin/Ihrem Arzt bzw. Ihrer Diätologin/Ihrem Diätologen. Um eine Osteoporose frühzeitig erkennen zu können, wird eine Knochendichtemessung empfohlen.

Mangelernährung führt zu einem schlechteren Verlauf der Erkrankung und soll daher unbedingt vermieden bzw. behandelt werden. Dies gelingt durch eine Substitution von Pankreasenzymen sowie durch eine gezielte Ernährungsberatung.

Die Ernährungstherapie erfolgt je nach Ausprägung der Mangelernährung auf unterschiedlichen Stufen. Die nachfolgende Tabelle zeigt das Stufenschema der Ernährungstherapie.

Stufenschema der Ernährungstherapie

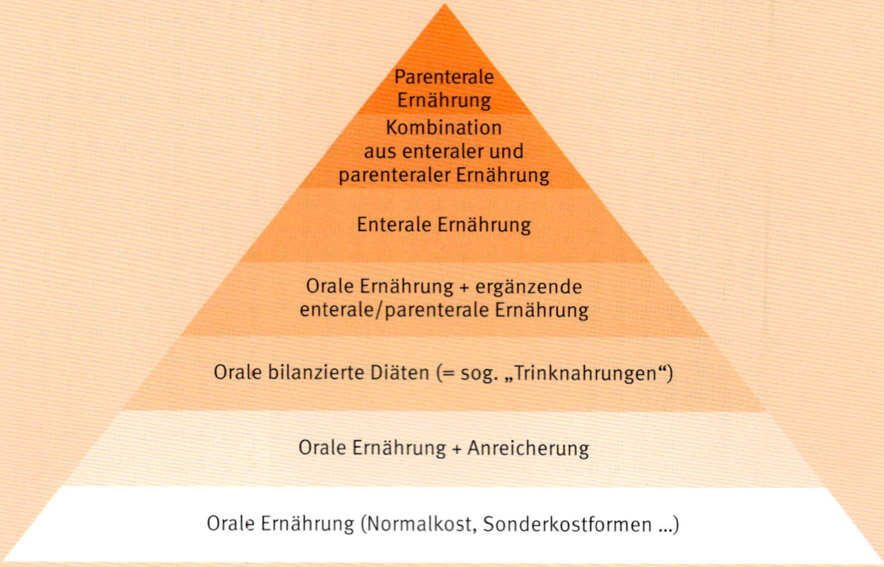

eigene Darstellung, n. Valentini et al., 2013, S. 100

Im Idealfall werden alle Schritte durch Diätolog*innen begleitet. Die einzelnen Stufen werden nun näher beschrieben.

Orale Ernährung

Die orale Ernährung stellt die Basis der Ernährungstherapie dar. Bei einer Bauchspeicheldrüsenerkrankung ist es nicht notwendig, eine spezielle Diät zu verfolgen. Ein Verzicht auf Alkohol wird empfohlen, ansonsten gibt es keine Einschränkungen – alles, was vertragen wird, darf gegessen werden. Bei Mangelernährung steht die Auswahl energie- und eiweißreicher Lebensmittel im Vordergrund. Zudem ist es wichtig, dass ausreichend Pankreasenzyme zu den Mahlzeiten eingenommen werden.

Durch eine gezielte Auswahl energiereicher Lebensmittel gelingt es, die Mahlzeiten kalorienreicher zu gestalten. Diese Tipps können dabei helfen:

- Gemüse und Beilagen (Kartoffeln, Teigwaren, Reis ...) in 1 Esslöffel Butter oder Margarine bzw. in Pflanzenöl (Olivenöl, Rapsöl, Leinöl ...) schwenken, um ein besseres Fettsäuremuster zu erzielen
- einen zusätzlichen Esslöffel Öl zum Salat geben
- Suppen und Saucen mit Sauerrahm/saurer Sahne, Schlagobers/Sahne oder Crème fraîche verfeinern
- bei Käse, Joghurt und Milch höhere Fettstufen bevorzugen
- Nüsse und Samen als Zwischenmahlzeit verzehren
- Nussmus zu Speisen wie Porridge oder Müsli geben
- energiereiche Getränke wie Fruchtsäfte oder Smoothies trinken, Kaffee und Tee etwas zuckern (nicht bei Diabetes)

Der Eiweißgehalt des Speiseplans kann erhöht werden, indem gezielt eiweißreiche Lebensmittel ausgewählt werden. Die folgende Tabelle zeigt, in welcher Lebensmittelmenge jeweils ca. 10 g Eiweiß enthalten sind.

Eiweißportionen

Menge, die ca. 10 g Eiweiß liefert	Lebensmittel
300 ml	Milch, Buttermilch, Joghurt, Sojadrink
100 g	Topfen/Quark, Frischkäse, Hüttenkäse
50 g	Hart-, Schnitt-, Weichkäse
50 g (roh gewogen)	Fleisch, Fisch
1 Stk.	Hühnerei
100 g	Tofu
180 g (gekocht)	Linsen, Bohnen, Kichererbsen
150 g	Erbsen

Orale Ernährung + Anreicherung

Neben dem Einsatz von energie- und proteinreichen Lebensmitteln kann der Energiegehalt der Nahrung auch durch Maltodextrin bzw. der Eiweißgehalt durch Eiweißpulver erhöht werden.

Bei Maltodextrin handelt es sich um geschmackloses Kohlenhydratpulver, das durch die technologische Verarbeitung von Stärke (z.B. Maisstärke) entsteht. Es lässt sich einfach in Getränke sowie flüssige und cremige Speisen (Joghurt, Pudding, Suppen ...) einrühren. Der Vorteil dessen ist, dass die Energiedichte der Nahrung steigt, ohne dass die Portionsgröße erhöht werden muss. 100 g Maltodextrin liefern 388 kcal (das entspricht 97 kcal bei einer Portion von 25 g). Bei Patient*innen mit Diabetes wird empfohlen, sparsamer mit Maltodextrin umzugehen und den Blutzuckeranstieg zu beobachten. Steigt der Blutzucker stark an, soll bevorzugt Energie über Fett anstelle von Maltodextrin zugeführt werden.

Es gibt zahlreiche Arten von Eiweißpulvern. Häufig werden sie auf Basis von Molkenprotein hergestellt. Es gibt auch Produkte aus anderen tierischen Proteinen wie Kollagen bzw. auf Basis von pflanzlichen Eiweißen wie Erbsen- oder Hanfprotein.

Oral bilanzierte Diäten – „Trinknahrungen"

Trinknahrungen sind eine Art Energie- oder Eiweißshake. Charakteristisch ist ihre hohe Energie- und/oder Eiweißdichte, komprimiert auf ein überschaubares Trinkvolumen. Am Markt existiert eine Vielzahl unterschiedlicher Trinknahrungen. Neben den Portionsgrößen (z.B. 125 oder 200 ml) variiert auch der Energie- und Eiweißgehalt. Der Energiegehalt reicht von ca. 250 bis 400 Kalorien, der Eiweißgehalt in etwa von 8 bis 20 g pro Packung. Zudem werden unterschiedliche Geschmacksrichtungen angeboten – angefangen von süßen (Schokolade, Vanille etc.), über fruchtige (Erdbeere, Banane, Orange etc.) bis hin zu pikanten (ähnlich wie Cremesuppen) Sorten. Trinknahrungen sind in Apotheken erhältlich und häufig auch direkt über den jeweiligen Anbieter bestellbar. Hinsichtlich der

Auswahl lassen Sie sich am besten von Ihrer Diätologin bzw. Ihrem Diätologen beraten. Wichtig ist, dass bei exokriner Pankreasinsuffizienz parallel zum Konsum von Trinknahrungen Enzympräparate eingenommen werden. Wenn MCT-Fette besser verträglich sind, kann auf MCT-haltige Trinknahrungen zurückgegriffen werden (s. Kap. MCT-Fette, S. 44).

Enterale und parenterale Ernährung

Enterale und parenterale Ernährung sind Formen der künstlichen Ernährung. Sie können einzeln oder in Kombination zur Anwendung kommen. Die Notwendigkeit einer künstlichen Ernährung besteht dann, wenn der Energie- und Nährstoffbedarf nicht über die orale Ernährung (inkl. Anreicherung und Trinknahrungen) gedeckt werden kann.

Die enterale Ernährung erfolgt über eine Magen- oder Darmsonde mithilfe spezieller Sondennahrung. Sie kann mahlzeitenimitierend per Bolus (meist 5–6 Portionen/Tag, Gabe mithilfe einer Spritze) oder kontinuierlich (über ein Überleitgerät oder eine Pumpe) verabreicht werden.

Die parenterale Ernährung erfolgt über die Vene als eine Art „Ernährungsinfusion“. Über einen venösen Zugang wird eine spezielle Nährlösung aus Glukose, Aminosäuren, Fettsäuren (z. B. aus Oliven-, Fisch-, Soja- und MCT-Öl), Vitaminen und Mineralstoffen verabreicht. Die Applikation erfolgt über ein Überleitgerät oder eine Pumpe.

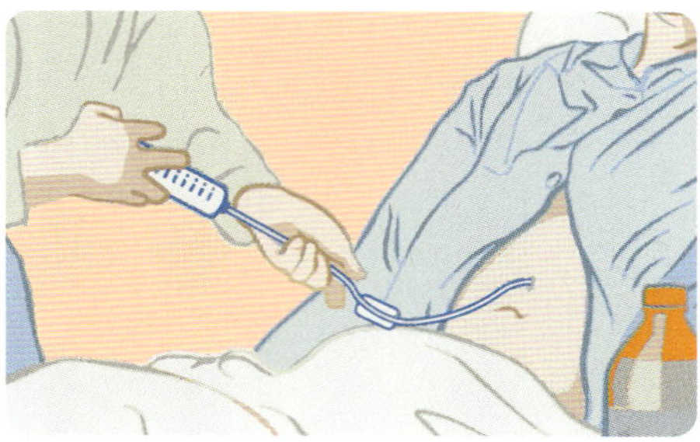

Die Art der künstlichen Ernährung wird i. d. R. im Krankenhaus festgelegt. In manchen Fällen ist eine längerfristige künstliche Ernährung, die zu Hause weitergeführt wird, notwendig.

ERNÄHRUNGSTHERAPIE UND ESSATMOSPHÄRE

Dieses Kapitel bezieht sich auf die Zeit nach einer akuten Erkrankung der Bauchspeicheldrüse. Im Rahmen eines geplanten oder akuten Krankenhausaufenthaltes wegen einer Bauchspeicheldrüsenerkrankung steht zumeist eine Schmerztherapie und die Normalisierung der Laborwerte im Vordergrund. Essen und Trinken ist in dieser Situation nicht oder nur eingeschränkt möglich; die Energie- und Nährstoffzufuhr erfolgt dann über eine künstliche Ernährung. Schrittweise wird parallel oder anschließend mit einem Kostaufbau begonnen – diese Situation ist nicht Inhalt dieses Buches.

Grundsätzlich gilt

Nehmen Sie sich Zeit zum Essen und zum Trinken!

Entscheidend ist, was Sie vertragen, und was Sie vertragen, können Sie auch essen!

Planen Sie bei einer chronischen Bauchspeicheldrüsenentzündung bzw. bei Bauchspeicheldrüsenkrebs täglich 4–6 kleinere Mahlzeiten ein.

Wenn Sie selber kochen: Nehmen Sie sich auch ausreichend Zeit zum Einkauf und zur Zubereitung der Gerichte!

Achten Sie auf eine regelmäßige Aufnahme von genügend Eiweiß. Das ist in Form von Milch und Milchprodukten, Eiern, Nüssen und Samen, Fleisch, Fisch, Geflügel, aber

auch durch die Kombination von Kartoffeln mit Ei, Getreideprodukten mit Milch oder mit Hülsenfrüchten möglich.

Eine Beschränkung der Fettzufuhr sollte, wie erwähnt, nicht erfolgen. Um die Fettverträglichkeit zu gewährleisten, sind ausreichend fettspaltende Enzyme zu den Mahlzeiten wichtig (s. Kap. „Enzympräparate“, S. 48). Anstelle von herkömmlichen Fetten können sog. MCT-Fette verwendet werden, die auch ohne fettspaltende Enzyme vom Körper aufgenommen werden können (siehe Kap. „MCT-Fette“, S. 44). Der Einsatz von MCT-Fetten ist allerdings mit Einschränkungen bei der Lebensmittelauswahl und bei den Zubereitungsmöglichkeiten verbunden. Deshalb kommen diese speziellen Fette meist nur zur Anwendung, wenn trotz ausreichendem Enzymersatz weiter Beschwerden bestehen.

Im Rahmen einer Erkrankung der Bauchspeicheldrüse kann es zu einem Mangel an Vitaminen und Mineralstoffen kommen. Eine auf Ihre individuelle Situation abgestimmte Ernährungstherapie kann helfen, bestehende oder drohende Defizite auszugleichen.

Die Zusammenstellung des Speiseplans soll nach Kriterien der Vollwertigkeit erfolgen. Damit ist eine Ernährung gemeint, die den Bedarf an Kalorien, Nährstoffen und Flüssigkeit deckt und dabei auch individuelle Essgewohnheiten und die Bevorzugung von saisonal und regional verfügbaren Produkten berücksichtigt.

Viele Menschen, die an Erkrankungen der Bauchspeicheldrüse leiden, berichten über Unverträglichkeiten gegenüber bestimmten Lebensmitteln oder Speisen. Die Auswahl an Speisen und Getränken muss sich an diesen Unverträglichkeiten orientieren. Dies wird mit dem Begriff „angepasste Vollkost“ beschrieben. Diätformen und Vorschriften, die diese individuellen Faktoren nicht berücksichtigen, sondern generell bestimmte Lebensmittel oder ganze Lebensmittelgruppen ausschließen, sind wenig zielführend.

Dennoch: Oft wird unreifes Obst nicht gut vertragen, ebenso wie blähende Gemüsesorten (z. B. Kraut- und Kohlsorten, Karfiol/Blumenkohl, Hülsenfrüchte), kalte und/oder kohlensäurehaltige Getränke direkt aus dem Kühlschrank, frisches und grobes Vollkornbrot, größere Mengen an Zwiebeln oder Knoblauch in roher Form, sehr stark geröstete oder gebratene Gerichte, frittierte Speisen oder größere Mengen sehr fettreicher Speisen (z. B. Mayonnaise).

Falls die Lust auf solche Lebensmittel oder Gerichte wiederkommt, können folgende Tipps hilfreich sein:

Obst: Kaufen Sie gut ausgereifte Früchte. Bevorzugen Sie dabei regional und saisonal verfügbares Obst, dieses kann genussreif geerntet werden. Äpfel oder Birnen reifen auch zu Hause nach. Probieren Sie vorerst nur eine kleine Portion und entfernen Sie eventuell die Schale – ein Apfel ohne Schale ist besser als kein Apfel! Obst in gekochter Form, z. B. als Kompott oder Mus, ist oft noch besser verträglich.

Manchmal ist die schlechte Verträglichkeit von Obst aber gar nicht einer Erkrankung der Bauchspeicheldrüse geschuldet, sondern einer eingeschränkten Fähigkeit des Körpers, Fruchtzucker aufzunehmen, der insbesondere in Kernobst (Apfel, Birne) und Steinobst (Marille/Aprikose, Zwetschke, Pfirsich) vorkommt. Hier helfen kleine Portionsgrößen. Zusätzlich können Sie versuchen, mit Traubenzucker die Aufnahme von Fruchtzucker zu verbessern, indem Sie z. B. beim Kompott oder Mus anstelle des herkömmlichen Zuckers etwas Traubenzucker verwenden.

Brot: Vollkornbrot hat gegenüber Weißbrot oder Weißgebäck Vorteile, z. B. was den Ballaststoffgehalt oder den Anteil an Mineralstoffen betrifft. Beginnen Sie mit Schwarzbrot oder Hausbrot, bevor Sie Vollkornbrote probieren. Frisches Brot kann zu Blähungen führen, Brot vom Vortag ist besser verträglich. Achten Sie bei Vollkornbrot auf fein vermahlenes Korn. Wechseln Sie bei den Brotsorten ruhig zwischen hellen und dunklen Sorten ab – es muss nicht ausschließlich Vollkornbrot sein!

Hülsenfrüchte: Bohnen, Erbsen und Co liefern ebenfalls Ballaststoffe und können die Versorgung mit pflanzlichem Eiweiß verbessern. Kleine Hülsenfruchtsorten wie rote Linsen sind oft gut verträglich. Bei allen Hülsenfrüchten gilt: ausreichend lange kochen und das Kochwasser bzw. den entstehenden Schaum nicht verwenden. Wenn Sie Hülsenfrüchte selber zubereiten, lassen Sie sie nach dem Kochen noch einige Zeit nachziehen, bevor Sie sie abspülen und weiterverwenden. Manche Gewürze wie Bohnenkraut können die Verträglichkeit von Hülsenfrüchten günstig beeinflussen. Auch Hülsenfrüchte aus der Dose oder aus dem Glas sind geeignet. Spülen Sie auch diese vor der Weiterverwendung ab. Probieren Sie anfangs nur kleine Portionen und vermeiden Sie die Kombination mit anderen blähenden Produkten wie größeren Mengen Zwiebel oder Paprika.

Getränke: Sehr kalte Getränke, z.B. direkt aus dem Kühlschrank, können Beschwerden auslösen oder verstärken. Stark kohlensäurehaltige Getränke führen bei manchen Betroffenen zu unangenehmem Aufstoßen und zu Blähungen. Milch kann durch den Gehalt an Milchzucker Bauchbeschwerden und Durchfall auslösen. Ein Wechsel zu laktosefreier Milch oder pflanzlichen Alternativen kann hilfreich sein. Fruchtsäfte, insbesondere solche aus Kern- und Steinobst, enthalten Fruchtzucker. Auch dieser Zucker kann Bauchbeschwerden auslösen. Reduzieren Sie in diesem Fall die Fruchtsaftmenge z.B. durch Verdünnen mit Leitungswasser oder stillem Mineralwasser. Fruchtsäfte aus Beeren oder Zitrusfrüchten enthalten weniger Fruchtzucker und sind meist besser verträglich.

Verzichten Sie insbesondere bei einer chronischen Bauchspeicheldrüsenentzündung auf Alkohol.

Milchprodukte: Sowohl bei akuten als auch bei chronischen Erkrankungen im oberen Magen-Darm-Trakt kommt es vor, dass die Produktion des milchzuckerspaltenden Enzyms (Laktase) verringert wird oder aufhört. Dieses Enzym wird im Dünndarm produziert und ermöglicht die Aufspaltung des Milchzuckers (Laktose), der in allen tierischen Milchen (Kuhmilch, Schafmilch, Ziegenmilch ...) enthalten ist. Erst nach der Spaltung in die Einfachzucker Galaktose und Glukose (Traubenzucker) kann der Zucker ins Blut aufgenommen werden.

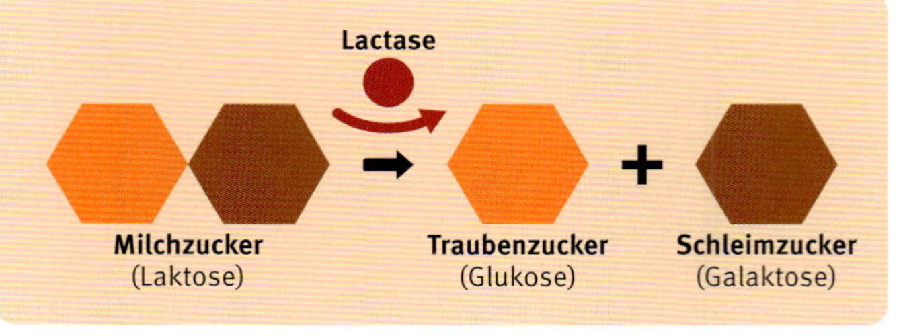

Bei einem Enzymmangel gelangt der Milchzucker unverdaut vom Dünndarm in den Dickdarm und führt zu Bauchschmerzen, Blähungen oder Durchfall – also zu Symptomen, die auch bei Erkrankungen der Bauchspeicheldrüse häufig auftreten. Wenn der Verdacht auf eine Milchzuckerunverträglichkeit (Laktoseunverträglichkeit) besteht bzw. die Diagnose gesichert ist, ist es sinnvoll, auf die milchzuckerfreie Variante von Milch oder Topfen/Quark zurückzugreifen. Kleinere Mengen Milchzucker wie etwas herkömmliche Milch für den Kaffee oder etwas Obers/Sahne oder Sauerrahm/saure Sahne für Suppen und Saucen werden oft vertragen. Auch herkömmliches Joghurt ist für viele Betroffene in einer Menge bis zu 125 g (1/8 l) gut verträglich. Gereifte Käsesorten wie Schnittkäse oder Hartkäse sind laktosefrei und damit gut verträglich.

Der Mangel an milchzuckerspaltendem Enzym tritt auch auf, wenn beispielsweise im Rahmen einer Operation an der Bauchspeicheldrüse jener Dünndarmabschnitt entfernt wird, in dem das Enzym gebildet wird.

Insulintherapie und Broteinheiten

Erkrankungen der Bauchspeicheldrüse können nicht nur zu einem Mangel oder zum Fehlen fettspaltender Enzyme führen. Eine chronische Bauchspeicheldrüsenentzündung oder Bauchspeicheldrüsenkrebs können auch einen Insulinmangel zur Folge haben – eine spezielle Form der Zuckerkrankheit (pankreopriver Diabetes mellitus) entsteht (s. Kap. „Endokrine Pankreasinsuffizienz“, S. 30).

Das Hormon Insulin wird in der Bauchspeicheldrüse gebildet und direkt in den Blutkreislauf abgegeben (= endokrine Funktion). Dort sorgt es dafür, dass der Blutzucker innerhalb eines definierten Normbereichs bleibt und der Zucker, der aus der Verdauung im Darm ins Blut abgegeben wird, in die Körperzellen gelangt. Bei Gesunden erfolgt diese Regulierung automatisch – hier spielen viele Botenstoffe eine entscheidende Rolle.

Steigt der Blutzucker über bestimmte Grenzwerte, hat das kurzfristige Auswirkungen, die bis zur Bewusstlosigkeit oder zum Tod führen können; die langfristigen Auswirkungen zeigen sich in einer Verschlechterung des Gefäßsystems und der Durchblutung. Dabei sind besonders die Augen, die Nieren und die Gefäße in den Beinen betroffen.

Wird das Hormon Insulin in der Bauchspeicheldrüse nicht mehr oder nicht ausreichend gebildet, ist häufig eine Ersatztherapie erforderlich. Dabei wird Insulin über eine Spritze in den Körper injiziert. Um den Blutzucker stabil zu halten und damit der im Blut vorhandene Zucker in die Körperzellen gelangen kann, ist während 24 Stunden eine gewisse Menge Basalinsulin erforderlich. Essen oder trinken wir Lebensmittel, die Kohlenhydrate in Form von Stärke oder Zucker enthalten, steigt der Blutzuckerspiegel an, weil die Stärke im Magen-Darm-Trakt zu Zucker abgebaut und an das Blut abgegeben wird. Das heißt, dass neben dem Basalinsulin, das benötigt wird, der Bedarf an Insulin durch die Nahrungsaufnahme ansteigt.

Der Insulinbedarf und wann wie viel Insulin injiziert werden muss, wird im Rahmen der Blutzuckereinstellung festgelegt und muss regelmäßig überprüft und angepasst werden. Dafür stehen mehrere Systeme und Insulinarten zur Verfügung.

Ein Hilfsmittel zur Berechnung der erforderlichen Insulinmenge zu den Mahlzeiten ist die sog. Broteinheit (BE). Eine Broteinheit gibt an, dass in einer bestimmten Menge eines Lebensmittels 10 bis 12 Gramm Kohlenhydrate enthalten sind.

Beispiele:
In 100 g Apfel (= ein kleiner Apfel) sind 10 bis 12 g Kohlenhydrate in Form verschiedener Zucker enthalten. 100 g Apfel entsprechen deshalb einer Broteinheit.

In 250 g Milch (= ¼ Liter) sind 10 bis 12 Gramm Kohlenhydrate in Form von Milchzucker enthalten. ¼ l Milch entspricht deshalb einer Broteinheit.

In 25 g Hausbrot (= ½ Scheibe) sind 10 bis 12 g Kohlenhydrate in Form von Stärke enthalten. 25 g Hausbrot entsprechen deshalb einer Broteinheit.

Je nach Insulinart und Insulineinstellung sollten Sie entweder eine gewisse Broteinheitenmenge pro Mahlzeit essen oder die gegessenen Broteinheiten durch eine entsprechende Dosis an Insulin abdecken.

Wird zu wenig Insulin zugeführt, steigt der Blutzucker über den Normwert an (= Hyperglykämie), wird zu viel Insulin gespritzt, kommt es zu einer Unterzuckerung (= Hypoglykämie).

Um die Blutzuckereinstellung zu erleichtern, sind im Rezeptteil dieses Buches in der Tabelle nach jedem Rezept auch die Broteinheiten des Gerichtes angegeben.

MCT-Fette

Mit Speisen und Getränken nehmen wir täglich unterschiedliche Fette auf: pflanzliche Fette aus Nüssen und Samen, aus denen auch Öle hergestellt werden, z. B. Rapsöl, Olivenöl oder Leinöl, aber auch Fette aus Getreide, wie z. B. Hafer, oder Gemüse, wie etwa Avocados. Tierische Fette konsumieren wir in Form von Butter, Butterschmalz oder als Fett in Fleisch, Schinken und Wurst. Tierische Fette sind auch in Geflügel, Wild und Fisch enthalten. Der chemische Aufbau ist bei allen Fetten recht ähnlich; entscheidend für die Verdaulichkeit und Wirkung im Körper ist die Länge der Fettsäuren sowie Anzahl und

Art ihrer Bindungen. Diese Kriterien entscheiden darüber, ob das Fett als eher günstig oder ungünstig für unseren Körper gesehen wird (siehe Kap. „Fett", S. 16).

Fettsäuren bestehen aus unterschiedlich langen Ketten von Kohlenstoffatomen. Damit sie unserem Körper als Energie zu Verfügung stehen, müssen sie abgebaut und „zerlegt" werden. Für diesen Abbau sind fettspaltende Enzyme – sogenannte Lipasen – erforderlich. Diese Enzyme werden vorwiegend in der Bauchspeicheldrüse gebildet und gelangen über einen Gang in den Dünndarm (= exokrine Funktion), wo sie sich mit dem Speisebrei vermischen und die Fettspaltung beginnt. Bei Erkrankungen der Bauchspeicheldrüse (z.B. Entzündungen) kann diese Enzymproduktion stark eingeschränkt sein oder ganz zum Erliegen kommen. Auch wenn die Bauchspeicheldrüse operativ entfernt wurde, stehen diese Enzyme nicht mehr zur Verfügung.

Bei einer zu geringen Menge oder einem kompletten Mangel an fettspaltenden Enzymen können die Fette aus der Nahrung nicht gespalten und vom Körper aufgenommen werden. Sie gelangen mit dem Speisebrei unverdaut vom Dünndarm in den Dickdarm und werden über den Stuhl ausgeschieden. Das macht sich bemerkbar, indem das Volumen des Stuhls größer wird, Blähungen, Bauchschmerzen und Durchfall auftreten und die Stühle sehr übelriechend sind. Durch den Fettanteil glänzt der Stuhl und lässt sich schwer aus der Toilette spülen.

Mit dem Verlust von Fett über den Stuhl kommt es neben diesen unangenehmen Begleiterscheinungen auch zu einem Verlust an Energie, weil die Fettkalorien ungenutzt ausgeschieden werden. Das kann – kombiniert mit Appetitlosigkeit und wenig Freude am Essen aufgrund der Symptome – zu einem Energiemangel und damit zu einem Gewichtsverlust führen.

Fett in dieser Situation gänzlich zu meiden, weil es nicht verdaut werden kann, ist wenig sinnvoll. Zum einen braucht es unser Körper als Energielieferanten, zum anderen sind Fette auch für die Zufuhr und Aufnahme von fettlöslichen Vitaminen erforderlich – somit könnte es auch bei der Vitaminversorgung zu einem Mangel mit weiteren Symptomen kommen.

Bestimmte Fettsäuren können allerdings auch ohne die fettspaltenden Enzyme aus der Bauchspeicheldrüse verdaut werden. Sie werden als „mittelkettige Triglyzeride" (MCT-Fette) bezeichnet. Diese MCT-Fette können ohne Enzyme direkt vom Darm in den Blutkreislauf aufgenommen werden. Sie kommen in Lebensmitteln nur in geringen Mengen vor, z. B. in Milchfett und damit in Butter oder in Palm- und Kokosöl. MCT-Fette für den Einsatz bei einem Mangel an fettspaltenden Enzymen werden aus Palmöl, Kokosöl und anderen tropischen Palmenarten gewonnen. Sie sind als MCT-Öl, MCT-Margarine, aber auch in Form von süßen und pikanten Aufstrichen verfügbar. MCT-Produkte können in Reformhäusern oder Apotheken bezogen werden.

Der Einsatz von MCT-Fetten ist *eine* Möglichkeit, um trotz fehlender fettspaltender Enzyme einen entsprechenden Fettgehalt im Essen vertragen und verdauen zu können. Eine weitere Möglichkeit ist der Ersatz der fettspaltenden Enzyme über Enzympräparate, die direkt zum Essen eingenommen werden und die Fettspaltung ähnlich wie bei körpereigener Produktion ermöglichen (s. Kap. „Enzympräparate", S. 48). Hier ist auf eine ausreichende Dosierung und die Einnahme zu den Mahlzeiten zu achten. Der Enzymsubstitution wird gegenüber den MCT-Fetten der Vorzug gegeben, weil keine Beschränkung der Fettzufuhr erforderlich ist und keine speziellen Richtlinien bei der Zubereitung der Speisen beachtet werden müssen. MCT-Fette können beispielsweise dann eine Rolle spielen, wenn trotz des Einsatzes von ausreichend fettspaltenden Enzymen die Fettstühle weiter bestehen.

Die spezielle Zusammensetzung der MCT-Produkte hat Auswirkungen auf deren Einsatz in der Küche. MCT-Fette sind weniger stabil als herkömmliche Fette. Die Fettsäuren in diesen Produkten werden bei hohen Temperaturen zerstört. Bei Erhitzung, wie z. B. beim Anbraten von Fleisch oder beim Frittieren, kommt es bereits ab einer Temperatur von 120 °C zur Rauchbildung und die Fette werden bitter. Deshalb müssen hohe Temperaturen vermieden werden. MCT-Margarine kann gut als Streichfett anstelle von Butter oder herkömmlicher Margarine verwendet werden, aber auch zur Energieanreicherung von Kartoffeln, Nudeln oder Gemüse, indem man einen Teelöffel davon zum fertigen Gericht gibt und schmelzen lässt. Dort, wo sonst herkömmliche Pflanzenöle oder Schweineschmalz z. B. zum Anbraten von Fleisch verwendet werden, gehen Sie wie folgt vor: Verwenden Sie bei der Zubereitung nur magere Produkte wie Schnitzelfleisch oder Geflügel ohne Haut. Bei fettreichen Lebensmitteln wie beispielsweise Bauchfleisch, Geflügel mit Haut, Schlagobers/Sahne, Sauerrahm/saurer Sahne, Avocados, Nüssen und Samen kommt es durch das Fehlen der fettspaltenden Enzyme zu den oben erwähnten Symptomen mit Fettstühlen. Braten Sie also mageres Fleisch oder Geflügel „trocken" an, das heißt ohne Fettzugabe. Das funktioniert am besten in einer beschichteten Pfanne. Nehmen Sie dann das Fleisch oder Geflügel aus der Pfanne, geben Sie Gemüse, Tomatenmark etc. in den Bratrückstand und gießen Sie mit entfetteter Rinderbrühe, Geflügelfond oder Gemüsebrühe auf. Legen Sie das Fleisch oder Geflügel zum Dünsten oder Schmoren ein. Erst am Ende des Kochvorganges bzw. kurz vor dem Anrichten geben Sie dann etwas MCT-Margarine oder MCT-Öl dazu.

Kochen Sie portionsgenau; weil die MCT-Fette nicht so stabil sind, können damit zubereitete Speisen beim Wiedererwärmen einen bitteren Geschmack annehmen.

Unser Körper ist MCT-Fette nicht gewöhnt. Es ist deshalb sinnvoll, die Dosis schrittweise zu steigern. Beachten Sie auch hier, dass die verwendeten Lebensmittel einen niedrigen Fettgehalt aufweisen müssen, um Blähungen, Durchfall und Fettstühle hintanzuhalten.

Beginnen Sie mit ca. 20 g MCT-Fett pro Tag. Das Frühstück könnte so aussehen:

- Kaffee (evtl. mit fettreduzierter Milch) oder Tee
- 1 Semmel/Brötchen
- 1 Scheibe Schwarzbrot (evtl. vom Vortag)
- 10 g MCT-Margarine
- 1 TL Marmelade/Konfitüre und/oder 1 TL Schnittlauchtopfen/-quark (Magertopfen/-quark mit etwas Mineralwasser, Salz, Schnittlauchröllchen und evtl. Pfeffer)

Weitere 10 g MCT-Margarine oder MCT-Öl können dann beim Mittagessen eingesetzt werden, z. B. bei Spaghetti mit Tomatensauce: Kochen Sie die Spaghetti nach Packungsanleitung. Nach dem Abseihen schwenken Sie die Nudeln in 10 g MCT-Öl und geben gehackte Kräuter und eine Prise Salz dazu. Für die Tomatensauce schwitzen Sie Zwiebel in einer Pfanne trocken an und geben gewürfelte Tomaten aus der Dose dazu. Etwas einkochen lassen und mit Oregano, Pfeffer und Salz abschmecken. Sie können das MCT-Öl statt für die Spaghetti auch für die Marinade eines Salates verwenden.

Die Menge an MCT-Fetten kann bei guter Verträglichkeit um 5–10 g pro Tag gesteigert werden. Als Richtwert für die Menge an MCT-Fett pro Tag kann das Körpergewicht dienen: Wenn Sie 60 kg wiegen, steigern Sie die Zufuhr von MCT-Fetten auf bis zu 60 g pro Tag.

Enzympräparate

Die Dosierung der fettspaltenden Enzyme orientiert sich an der Erkrankung, dem Körpergewicht und der Ernährung. Grundsätzlich wird Erwachsenen eine Menge von 2.000 I. E. (Internationale Einheiten) Lipase pro Gramm Nahrungsfett empfohlen.

Auch der Fettgehalt ist in diesem Buch nach jedem Rezept angegeben. Daraus ergibt sich die empfohlene Menge an Lipaseeinheiten, die ebenfalls in der Tabelle enthalten ist.

Wählen Sie bei den Enzympräparaten jene Menge, die die berechneten Lipaseeinheiten am besten abdeckt. Die Präparate müssen gemeinsam mit den Mahlzeiten eingenommen werden, damit sich die Enzyme mit dem Nahrungsbrei vermischen und ihre Funktion ausüben können. Eine etwas höhere Dosierung der Enzyme ist grundsätzlich besser als eine zu niedrige Dosierung.

Falls Sie am Magen operiert worden sind, muss die Art bzw. Darreichungsform der Enzyme an diese Situation angepasst werden.

Beachten Sie die Empfehlungen Ihres Arztes/Ihrer Ärztin bzw. Ihres Apothekers/Ihrer Apothekerin bezüglich Präparat und Dosierung. Er/sie wird Sie auch über Indikationen und Gegenanzeigen informieren und auf mögliche Nebenwirkungen hinweisen.

ÜBERBLICK LEBENSMITTELMENGEN UND HAUSHALTSMASSE

In der folgenden Tabelle finden Sie gängige Lebensmittel mit einer Mengenangabe in Gramm und das entsprechende Haushaltsmaß. So müssen nicht immer alle Zutaten in den Rezepten abgewogen werden.

Dennoch ist es sinnvoll, anfangs zu überprüfen, ob Ihre Esslöffel oder Teelöffel zu Hause zumindest annähernd die Menge fassen, die in der Tabelle angegeben ist.

Mengenangaben und Haushaltsmaße

Menge	Lebensmittel	Haushaltsmaß
125 g	Beeren	1 Handvoll
25 g	Bohnen (Dose)	1 EL
4 g	Butter	1 TL
15 g	Butter	1 EL
15 g	Crème fraîche	1 gehäufter EL
4 ml	Essig	1 TL
15 ml	Essig	1 EL
20 g	Gervais, Topfen/Quark, Frischkäse	1 EL
10 g	Haferflocken	1 EL
8 g	Hartkäse, gerieben (Parmesan, Emmentaler)	1 EL
7 g	Haselnüsse	1 EL
15 g	Heidelbeeren, Brombeeren	1 EL
10 g	Honig	1 TL
20 g	Honig	1 EL
17 g	Joghurt	1 EL
2 g	Kakao	1 TL
4 g	Koriandersamen	1 EL
10 g	Kren/Meerrettich	1 TL
15 g	Kristallzucker, Staubzucker/Puderzucker	1 EL

5 g	Kristallzucker, Staubzucker/Puderzucker	1 TL
5 g	Kümmel	1 TL
10 g	Kürbiskerne	1 EL
4 g	Leinsamen	1 TL
15 g	Maisstärke	1 EL
1 g	Majoran (getrocknet)	1 TL
10 g	Mehl	1 EL
15 ml	Milch	1 EL
10 g	Mohn	1 EL
15 g	Müsli	1 EL
2 g	Nüsse gemahlen	1 TL
5 g	Nüsse gemahlen	1 EL
3 g	Öl	1 TL
10 g	Öl	1 EL
90 ml	Orangensaft	Saft von 1 Orange
5 g	Paprikapulver	1 gestrichener TL
15 g	Paprikapulver	1 EL
3 g	Petersilie	1 EL
7 g	Rosinen	1 TL
20 g	Rosinen	1 EL
2 g	Rosmarin (getrocknet)	1 TL
5,2 g	Salz	1 TL
13 g	Sauerrahm/saure Sahne	1 EL
5 ml	Schlagobers/Sahne	1 TL
6 g	Schnittlauch (frisch)	1 EL
20 g	Schokodrops	1 EL
8 g	Semmelbrösel/Paniermehl	1 EL
5 g	Senf	1 TL
20 g	Sonnenblumenkerne	1 EL
12 g	Sprossen	1 EL
5 g	Tomatenmark	1 TL
18 g	Tomatenmark	1 gehäufter EL

7 g	Trockengerm/-hefe	1 Pkg.
8 g	Vanillezucker	1 Pkg.
7 g	Walnüsse	1 EL
15 ml	Wasser	1 EL
5 g	Zimt gemahlen	1 TL
5 ml	Zitronensaft	1 TL
15 ml	Zitronensaft	1 EL
5 g	Zitronenschale	1 TL
10 g	Zuckermais (Dose)	1 EL

BEISPIELHAFTE TAGESPLÄNE

In der Folge finden Sie zwei beispielhafte Tagespläne mit Speisen, die sich im Rezeptteil dieses Buches wiederfinden. Die Tagespläne sind auf den Energie- und Nährstoffbedarf von Frau A. und Herrn M. zugeschnitten.

Werden die tatsächliche Zufuhr und der errechnete Energie- und Nährstoffbedarf verglichen, so strebt die Diätologie eine Abweichung von weniger als +/−10 % an. Grammgenaue Berechnungen sind für den Alltag allerdings nicht relevant, da es Tage geben wird, an denen Sie mehr essen, und andere, an denen Sie weniger essen werden. In Summe soll der Wochendurchschnitt in etwa ausgeglichen sein.

Beispiel Frau A.

Energie- und Nährstoffbedarf

Energie	Eiweiß	Fett	Kohlenhydrate
1.925 kcal	66 g	75 g	247 g

Beispiel-Tagesplan

Mahlzeit Gericht	Energie	Eiweiß	Fett	Kohlenhydrate	Broteinheiten	Lipaseeinheiten
Frühstück: Früchtemüsli	507 kcal	14 g	13 g	77 g	6 BE	26.000 I. E.
Snack: Banane	122 kcal	1,6 g	0,2 g	27 g	2 BE	ohne I. E.
Mittagessen: Quinoa-Laibchen mit Topfen-Dip und Salat	637 kcal	23 g	34 g	56 g	4,5 BE	68.000 I. E.
Snack: Apfel	80 kcal	0,4 g	0,1 g	17,9 g	1,5 BE	ohne I. E.
Abendessen: Zartweizen-Salat	639 kcal	25 g	29 g	65 g	5,5 BE	58.000 I. E.
Summe Ist-Zufuhr	**1.985 kcal**	**64 g**	**76,3 g**	**242,9 g**	**19,5 BE**	**152.000 I. E.**
Bedarf	1.925 kcal	66 g	75 g	247 g		
Abweichung	+3 %	−3 %	+2 %	−2 %		

Beispiel Herr M.

Energie- und Nährstoffbedarf

Energie	Eiweiß	Fett	Kohlenhydrate
2.250 kcal	90 g	88 g	276 g

Beispiel-Tagesplan

Mahlzeit Gericht	Energie	Eiweiß	Fett	Kohlen-hydrate	Brotein-heiten	Lipase-einheiten
Frühstück: Pikanter French Toast	554 kcal	30 g	28 g	43 g	3,5 BE	55.860 I. E.
¼ l Apfelsaft	120 kcal	0,2 g	0,1 g	28,8 g	2,5 BE	ohne I. E.
Snack: Orange	85 kcal	1,8 g	0,4 g	14,9 g	1 BE	ohne I. E.
Mittagessen: Schinkenfleckerl mit Vogerlsalat	721 kcal	34 g	33 g	64 g	5 BE	66.000 I. E.
Snack: Hüttenkäsebrot mit Birne und Walnuss	241 kcal	11 g	7 g	33 g	3 BE	14.000 I. E.
Abendessen: Brennnesselrisotto mit Feta	588 kcal	19 g	24 g	68 g	5,5 BE	48.000 I. E.
Summe Ist-Zufuhr	**2.309 kcal**	**96 g**	**92,5 g**	**251,7 g**	**20,5 BE**	**183.860 I. E.**
Bedarf	2.250 kcal	90 g	88 g	276 g		
Abweichung	+3 %	+7 %	+5 %	−9 %		

FERTIGPRODUKTE, ESSEN AUSSER HAUS, EINLADUNGEN UND BUFFETS

Nicht immer ist es möglich, selbst einzukaufen und zu kochen – sei es aus Zeitdruck, aus mangelnder Freude, aufgrund mangelnder Kochkünste oder aus Bequemlichkeit. Essen und Trinken sind im Rahmen von Erkrankungen der Bauchspeicheldrüse wichtig, um einen guten Ernährungszustand zu erreichen bzw. zu halten; da ist es durchaus in Ordnung, auch auf vorproduzierte Speisen zurückzugreifen. Wenn möglich, orientieren Sie sich auch hier an der Vollwertigkeit und jedenfalls an der Verträglichkeit! Wenn Sie insulinpflichtig sind bzw. fettspaltende Enzyme zu den Mahlzeiten einnehmen müssen, ist das Wissen um Broteinheiten und Lipaseeinheiten wesentlich.

Energie- und Nährstoffgehalt müssen auf allen verpackten Lebensmitteln angegeben sein. Diese Angaben stellen die Grundlage zur Berechnung der Broteinheiten und der erforderlichen Menge an fettspaltenden Enzymen (Lipaseeinheiten) dar.

Berechnung der Broteinheiten

Die Broteinheit (BE) ist, wie bereits erwähnt, das Maß bzw. der Schätzwert für den Kohlenhydratgehalt von Lebensmitteln und Mahlzeiten. Dabei entspricht 1 Broteinheit 10–12 g Kohlenhydraten.

Informationen über den Kohlenhydratgehalt einzelner Lebensmittel können der Nährwerttabelle auf der Verpackung des Produktes entnommen werden. Viele Hersteller führen auf ihren Produkten neben Kohlenhydrat- auch BE-Mengen für eine Portion an. Hierbei ist aber zu beachten, dass verschiedene Hersteller unterschiedliche Packungsgrößen anbieten und die angegebene Portion nicht der eigentlichen Verzehrsmenge entspricht. Deshalb ist es sinnvoll, die Kohlenhydrat- bzw. BE-Menge anhand der Nährwerttabelle selbst zu berechnen.

Hier ein Bespiel für eine Berechnung der Broteinheiten auf Grundlage der Angabe auf einer Müsliverpackung:

Energie- und Nährwertangaben auf einer Müsliverpackung

Durchschnittliche Nährwerte	pro 100 g
Energie	1.492 kJ/345 kcal
Fett	5,7 g
davon gesättigte Fettsäuren	0,9 g
Kohlenhydrate	61 g
davon Zucker	15 g
Ballaststoffe	8,9 g
Eiweiß	10 g
Salz	0,11 g

Nehmen wir an, Sie möchten 60 g dieser Müslimischung mit ¼ l Milch essen. Bei flüssigen Milchprodukten gelten 250 g – also ein Viertelliter – als 1 Broteinheit.

Für die 60 g Müsli können Sie sich die Broteinheiten so ausrechnen:

Wie aus der Nährwerttabelle zu entnehmen ist, enthalten 100 g Müsli 61 g Kohlenhydrate (KH).

Da eine Müsliportion von 60 g konsumiert wird, muss zuerst der KH-Anteil für 1 g Müsli berechnet werden.

61 g KH : 100 g Müsli = 0,61 g KH

Um den KH-Gehalt für die gewünschte Portion auszurechnen, wird dieser mit 60 g multipliziert.

0,61 g KH × 60 g Müsli = 36,6 g KH
Demnach enthalten 60 g Müsli 36,6 g KH.

Jetzt werden die KH durch die BE (= 10–12 g KH) dividiert.

36,6 g KH : 12 g KH (= 1 BE) = 3,05 BE, das sind gerundet 3 BE
Die Müslportion enthält daher in etwa 3 BE.

Addiert man nun die BE des Müslis und die der Milch, ergibt sich für die Mahlzeit eine Gesamtmenge von 4 Broteinheiten:

3 BE Müsli + 1 BE Milch = **4 BE**

Berechnung der Lipaseeinheiten

Wenn Sie zu den Mahlzeiten fettspaltende Enzyme brauchen, können Sie sich anhand der Nährwertkennzeichnung auch den Lipasebedarf ausrechnen.

Nehmen wir an, Sie möchten eine tiefgekühlte Lasagne essen. Diese Angaben finden Sie auf der Verpackung:

Energie- und Nährwertangaben auf einer tiefgekühlten Lasagne

Durchschnittliche Nährwerte	pro 100 g
Energie	948 kJ/226 kcal
Fett	7,2 g
davon gesättigte Fettsäuren	3,3 g
Kohlenhydrate	30 g
davon Zucker	2,9 g
Ballaststoffe	2,5 g
Eiweiß	9,3 g
Salz	1,3 g

Zur Ermittlung des Lipasebedarfs für ein Lebensmittel bzw. eine Mahlzeit muss zuerst die Fettmenge bestimmt werden. Die benötigte Enzymmenge richtet sich nach dem Fettgehalt der Nahrung. Für 1 g Fett besteht ein Bedarf von 2.000 Lipaseeinheiten.

benötigte Lipaseeinheiten = Gramm Fett × 2.000

Hierbei ist jedoch zu beachten, dass sich der angegebene Fettgehalt auf eine Menge von 100 g des Lebensmittels bezieht, welche jedoch nur selten der tatsächlichen Portionsmenge entspricht.

Im Beispiel der Lasagne möchten Sie die ganze Portion essen. Bei der Nettofüllmenge auf der Verpackung ist ein Gewicht von 304 Gramm angegeben. 100 g Lasagne enthalten 7,2 g Fett. Damit Sie die Fettmenge der gesamten Lasagne bekommen, multiplizieren Sie die 7,2 g mit dem Faktor 3,04.

100 g Lasagne = 7,2 g Fett

7,2 g Fett × 3,04 = 21,9 g Fett (gerundet 22 g Fett)

Die gesamte Lasagne enthält also 22 g Fett.

Jetzt können Sie sich den Bedarf an Lipase ausrechnen: Weil pro Gramm Fett 2.000 Einheiten Lipase erforderlich sind, multiplizieren Sie die Fettmenge der Portion (= 22 g) mit dem Faktor 2.000:

22 × 2.000 = 44.000

Sie benötigen also **44.000 Lipaseeinheiten**.

Schließlich werden die Lipaseeinheiten in die benötigte Menge an Enzympräparaten umgerechnet. Dabei ist darauf zu achten, dass verschiedene Präparate unterschiedliche Mengen an Lipaseeinheiten beinhalten.

Grundsätzlich ist es besser, etwas mehr Lipaseeinheiten über die Enzympräparate einzunehmen als zu wenig. Sie könnten zur Lasagne noch einen Salat essen.

Wenn Sie beispielsweise Einladungen von Freunden wahrnehmen oder zu einem Buffet gehen: Orientieren Sie sich jedenfalls an der Verträglichkeit und wählen Sie Speisen, von denen Sie wissen, dass Sie sie gut vertragen. Dadurch können Sie einschätzen, wie viele Lipaseeinheiten bzw. Broteinheiten Sie dafür einplanen sollten.

REZEPTE

Die Rezepte in diesem Buch sind nach unterschiedlichen Kategorien eingeteilt: Frühstück, Suppen und Eintöpfe, vegetarische Gerichte, Gerichte mit Fleisch, Fischgerichte, süße Hauptspeisen, kalte Speisen, kleine Gerichte (Snacks, Zwischenmahlzeiten) und Desserts.

Nach den Zutaten und der Zubereitung finden Sie bei jedem Rezept eine Tabelle mit Energiegehalt, Eiweiß-, Fett- und Kohlenhydrat-Gehalt, den Broteinheiten des Gerichts sowie den dafür vorgeschlagenen Lipaseeinheiten zur Dosierung der fettspaltenden Enzyme (alle Angaben pro Portion).

Bei einigen Rezepten finden Sie unterhalb der Tabelle Tipps für die Auswahl der Zutaten, die Lagerung oder die Verbesserung der Verträglichkeit.

FRÜHSTÜCK

WIENER FRÜHSTÜCK

Zutaten für 1 Portion:

- 1 Semmel/Brötchen
- 1 Vollkorn-Kornspitz/Vollkornbrötchen
- 20 g Butter
- 25 g Marmelade/Konfitüre
- 20 g Schinken
- 20 g Käse

Zubereitung:

Semmel mit Butter und Marmelade bestreichen. Kornspitz mit Schinken- und Käsescheiben belegen.

Energie	Eiweiß	Fett	Kohlenhydrate	Broteinheiten	Lipaseeinheiten
665 kcal	24 g	26 g	83 g	7 BE	52.000 I.E.

ARME RITTER

Zutaten für 1 Portion:

- 125 ml Vollmilch
- 1 Ei
- etwas geriebene Vanilleschote
- 2 Scheiben Vollkorntoast
- 3 EL Butter
- 1 EL Haselnüsse
- 1 TL Zucker
- 1 Msp. Zimt
- 60 g Beeren der Saison

Zubereitung:

Milch, Ei und Vanille verquirlen. Dann die Toastscheiben von beiden Seiten in das Milch-Ei-Gemisch eintauchen und in einer Pfanne mit geschmolzener Butter beidseitig goldbraun braten. In der Zwischenzeit Zimt und Zucker vermischen und die Haselnüsse klein hacken. Den Toast aus der Pfanne nehmen, mit der Zimt-Zucker-Mischung bestreuen und Beeren und Haselnüsse darauf verteilen.

Energie	Eiweiß	Fett	Kohlenhydrate	Broteinheiten	Lipaseeinheiten
580 kcal	17 g	41 g	37 g	3 BE	82.000 I. E.

Tipps:

- Wenn Sie herkömmliche Milch schlecht vertragen, ersetzen Sie sie durch laktosefreie Milch oder eine pflanzliche Alternative (z. B. Hafer- oder Mandeldrink)!
- Anstelle der frischen Beeren eignen sich auch tiefgekühlte Beeren oder Kompottobst.

OVERNIGHT-LEINSAMEN

Zutaten für 1 Portion:

- 125 ml Vollmilch
- 125 g Topfen/Quark (20 % Fett)
- 25 g geschrotete Leinsamen
- 1 EL Honig
- 2 Kriecherl/Ringlotten
- 1 EL Brombeeren
- 1 TL Nussmus

Zubereitung:

Die Milch nach und nach zum Topfen geben und mit einem Schneebesen glattrühren. Anschließend die Leinsamen und den Honig einrühren und zugedeckt über Nacht im Kühlschrank quellen lassen. In der Früh die Kriecherl in kleine Stücke schneiden und gemeinsam mit den Brombeeren und dem Nussmus auf der Leinsamen-Masse verteilen.

Energie	Eiweiß	Fett	Kohlenhydrate	Broteinheiten	Lipaseeinheiten
483 kcal	28 g	25 g	38 g	3 BE	50.000 I. E.

Tipps:

- Wenn Sie herkömmliche Milch und herkömmlichen Topfen schlecht vertragen, ersetzen Sie diese durch laktosefreie Varianten!
- Wechseln Sie bei den Obstsorten – Sie können auf saisonale und regionale Angebote zurückgreifen. Achten Sie bei der Auswahl auf Verträglichkeit und reife Früchte!

FRÜCHTEMÜSLI

Zutaten für 1 Portion:

- 50 g Haferflocken
- 100 ml Vollmilch
- 50 g Joghurt
- 1 EL gehackte Haselnüsse
- 1 EL Rosinen
- 1 TL Honig
- ½ TL geschrotete Leinsamen
- 1 Prise Zimt
- 30 g Trauben
- 1 kleiner Apfel
- Saft von ¼ Zitrone

Zubereitung:

Haferflocken, Milch, Joghurt, Haselnüsse, Rosinen, Honig, Leinsamen und Zimt vermischen und zugedeckt über Nacht im Kühlschrank quellen lassen. Apfel klein schneiden und mit dem Zitronensaft vermischen. Trauben halbieren und gemeinsam mit dem Apfel dem Joghurt untermischen.

Energie	Eiweiß	Fett	Kohlenhydrate	Broteinheiten	Lipaseeinheiten
507 kcal	14 g	13 g	77 g	6 BE	26.000 I. E.

Tipps:

- Wenn Sie herkömmliche Milch schlecht vertragen, ersetzen Sie sie durch laktosefreie Milch oder eine pflanzliche Alternative (z. B. Hafer- oder Mandeldrink)!
- Wechseln Sie die Obstsorten! Verwenden Sie reife Früchte, die Sie gut vertragen.

MANGOLD-OMELETT

Zutaten für 1 Portion:

- 150 g Mangold
- ½ Zwiebel
- 1 TL Rapsöl
- 2 Eier
- 1 TL Schlagobers/Sahne
- 30 g Feta
- 3 Cocktailtomaten
- 1 EL Kresse
- 1 TL Kürbiskernöl
- Salz, Pfeffer

Zubereitung:

Mangold und Zwiebel klein schneiden. Zwiebel in der Pfanne im Rapsöl glasig dünsten, den Mangold dazugeben und für etwa 3 Minuten bei mittlerer Hitze braten. Eier mit Obers verquirlen, Mangoldmasse zugeben und mit Salz und Pfeffer würzen. Die Masse in die heiße Pfanne geben und braten, bis das Ei zu stocken beginnt. Anschließend den Feta darauf zerbröseln, kurz warten, das Omelett zusammenklappen und aus der Pfanne nehmen. Nun die halbierten Cocktailtomaten kurz anrösten und gemeinsam mit der Kresse und dem Kürbiskernöl auf dem Omelett verteilen.

Energie	Eiweiß	Fett	Kohlenhydrate	Broteinheiten	Lipaseeinheiten
333 kcal	20 g	27 g	4 g	0 BE	54.000 I. E.

Tipps:

- Anstelle von Mangold kann auch Blattspinat verwendet werden.
- Auch tiefgekühlter Mangold oder Blattspinat sind geeignet.

HIRSEBREI MIT OBST

Zutaten für 1 Portion:

- 65 g Hirse
- 1 EL Butter
- 1 EL gehackte Walnüsse
- 1 Prise Zimt
- 1 Prise Muskatnuss
- 100 ml Vollmilch
- 1 Banane
- 1 TL Rosinen
- 1 Pfirsich

Zubereitung:

Die Hirse in ein Sieb geben und gründlich mit heißem Wasser abspülen. Butter in einem Topf erhitzen und die Hirse kurz darin anrösten. Dann Walnüsse, Zimt und Muskatnuss hinzufügen, mit Milch aufgießen und aufkochen lassen. Bei schwacher Hitze etwa 15–20 Minuten köcheln lassen und immer wieder umrühren. In der Zwischenzeit die Banane mit einer Gabel zerdrücken und den Pfirsich klein schneiden. Anschließend den Topf von der Herdplatte nehmen, Banane und Rosinen unterrühren und ca. 3 Minuten ziehen lassen. Den Hirsebrei in ein Schälchen füllen und mit den Pfirsichstücken anrichten.

Energie	Eiweiß	Fett	Kohlenhydrate	Broteinheiten	Lipaseeinheiten
629 kcal	15 g	24 g	86 g	7 BE	48.000 I. E.

Tipps:

- Wenn Sie herkömmliche Milch schlecht vertragen, ersetzen Sie sie durch laktosefreie Milch oder eine pflanzliche Alternative (z. B. Hafer- oder Mandeldrink)!
- Wechseln Sie bei den Obstsorten – hier können Sie auf saisonale und regionale Angebote zurückgreifen. Achten Sie bei der Auswahl auf Verträglichkeit und reife Früchte!

FRISCHKÄSE-AUFSTRICH AUF ROGGENVOLLKORNBROT

Zutaten für 1 Portion:

- 200 g körniger Frischkäse
- 2 Scheiben Roggenvollkornbrot
- ½ Apfel
- ½ Karotte
- ½ Bund Radieschen
- ¼ Salatgurke
- 1 TL Leinöl
- Salz, Pfeffer
- frische Kräuter (z. B. Schnittlauch, Petersilie) oder tiefgekühlte/getrocknete Kräutermischung

Zubereitung:

Obst und Gemüse waschen und klein würfeln. Den Frischkäse mit dem Öl und den Kräutern vermischen, mit Salz und Pfeffer würzen. Dann alles vermengen und auf dem Roggenvollkornbrot verteilen.

Energie	Eiweiß	Fett	Kohlenhydrate	Broteinheiten	Lipaseeinheiten
474 kcal	31 g	13 g	56 g	4,5 BE	26.000 I. E.

Tipp: Wenn Sie herkömmliche Frischkäsesorten schlecht vertragen, ersetzen Sie den Käse durch eine laktosefreie Variante!

KNUSPERMÜSLI

Zutaten für die Müsli-Mischung (6 Portionen):

- 60 g Haferflocken
- 50 g Sojaflocken
- 50 g gepuffter Amaranth
- 50 g Mandelstifte
- 20 g Sonnenblumenkerne
- 20 g Kürbiskerne
- 15 g geschrotete Leinsamen
- 2 EL Rosinen
- ½ TL Zimt
- ½ TL Vanillepulver
- 2 EL Honig
- 2 EL Sonnenblumenöl

Zutaten für 1 Portion Joghurt:

- 250 g Joghurt (3,5 % Fett)
- 3 EL der Knuspermüsli-Mischung
- 1 Banane
- 1 Handvoll Beeren

Zubereitung:

Den Backofen auf 150 °C Umluft vorheizen. Alle trockenen Zutaten in einer Schüssel vermischen. Dann den Honig und das Öl dazugeben, kurz durchmischen. Die Mischung auf einem mit Backpapier belegten Blech verteilen und für 45 Minuten backen. Anschließend vollständig auskühlen lassen und in einen Behälter füllen. Das Müsli hält sich etwa 1–2 Monate und reicht für 6 Portionen.

Die Beeren waschen, die Banane schälen und in Scheiben schneiden. Das Joghurt in eine kleine Schüssel geben, mit dem Müsli bestreuen und die Beeren und Bananenscheiben darauf verteilen.

Energie	Eiweiß	Fett	Kohlenhydrate	Broteinheiten	Lipaseeinheiten
501 kcal	20 g	22 g	54 g	4,5 BE	44.000 I. E.

FRÜHSTÜCKS-SHAKE

Zutaten für 1 Portion:

- 250 ml Milch
- 75 g tiefgekühlte Beerenmischung (aufgetaut)
- 30 g Haferflocken
- 1 Banane
- ½ TL Kakaopulver
- 1 TL Honig

Zubereitung:

Alle Zutaten in einen Mixer geben (alternativ mit einem Stabmixer pürieren), bis eine cremige, homogene Masse entsteht.

Energie	Eiweiß	Fett	Kohlenhydrate	Broteinheiten	Lipaseeinheiten
417 kcal	14 g	12 g	62 g	5 BE	24.000 I. E.

Tipp: Wenn Sie herkömmliche Milch schlecht vertragen, ersetzen Sie sie durch laktosefreie Milch oder eine pflanzliche Alternative (z. B. Hafer- oder Mandeldrink)!

HEIDELBEER-BUTTERMILCH-KÜCHLEIN

Zutaten für 1 Portion:

- 125 g Topfen/Quark (20 % Fett)
- 125 ml Buttermilch
- 125 g Heidelbeeren/Blaubeeren
- 40 g Dinkel-Vollkornmehl, 30 g Dinkelmehl, etwas glattes Mehl zum Einstäuben der Beeren
- 1 Ei
- ¼ Zitrone
- 1 EL Rapsöl
- 1 EL Honig
- ½ TL Butter
- ½ TL Backpulver
- etwas Vanillepulver, Salz

Zubereitung:
Heidelbeeren waschen und etwas trocknen lassen. Backpulver mit den beiden Mehlsorten vermischen. Butter in einer Pfanne schmelzen, etwas abkühlen lassen. Die flüssige Butter, Buttermilch, Salz und Ei mit einem Handmixer gut verrühren. Nach und nach die Mehlmischung dazugeben und mit einem Schneebesen glattrühren. Den Saft der Zitrone mit Honig, Vanillepulver und Topfen glattrühren. Ein Drittel der Heidelbeeren in etwas Mehl wälzen. Öl in der Pfanne erhitzen, jeweils ca. 2 Esslöffel Teig für ein Küchlein hineingeben und ein paar der bestäubten Beeren darauf verteilen. Bei mittlerer Hitze etwa 3 Minuten backen, wenden, eine weitere Minute backen und aus der Pfanne nehmen. Anschließend mit der Topfenmasse und den restlichen Heidelbeeren anrichten.

Energie	Eiweiß	Fett	Kohlenhydrate	Broteinheiten	Lipaseeinheiten
716 kcal	36 g	26 g	81 g	7 BE	52.000 I. E.

Tipp: Wenn Sie herkömmliche Milchprodukte schlecht vertragen, ersetzen Sie Topfen und Buttermilch durch laktosefreie Varianten!

PIKANTER FRENCH TOAST

Zutaten für 1 Portion:

- 50 ml Milch
- 1 Ei
- 4 Scheiben Zucchini
- 1 EL Rapsöl
- 2 Scheiben Vollkorntoast
- 1 Scheibe Putenschinken
- 1 Scheibe Gouda
- 1 Handvoll Rucola
- Salz, Pfeffer

Zubereitung:
Das Ei mit Milch, Salz und Pfeffer verquirlen. Die Zucchinischeiben in einer Pfanne in etwas Öl anbraten und wieder herausnehmen. Eine Vollkorntoastscheibe mit Putenschinken, Gouda, Zucchinischeiben und etwas Rucola belegen. Dann die zweite Scheibe drauflegen und den Toast von beiden Seiten in die Milch-Eier-Mischung tunken. Nun den Toast in einer beschichteten Pfanne bei mittlerer Hitze von beiden Seiten goldbraun braten. Toast diagonal durchschneiden und mit Rucola anrichten.

Energie	Eiweiß	Fett	Kohlenhydrate	Broteinheiten	Lipaseeinheiten
554 kcal	30 g	28 g	43 g	3,5 BE	56.000 I. E.

Tipp: Für eine vegetarische Variante können Sie anstelle des Schinkens eine weitere Käsescheibe verwenden.

OVERNIGHT OATS

Zutaten für 1 Portion:

- 125 g Topfen/Quark (20 % Fett)
- 75 ml Buttermilch
- 30 g Haferflocken
- 2 Zwetschken
- 2 EL Honig
- 1 EL Walnüsse
- 1 Prise Zimt
- 1 TL Zitronensaft

Zubereitung:

Die Zwetschken waschen, klein schneiden und gemeinsam mit etwas Wasser, Zitronensaft und 1 EL Honig in einem Topf etwa 3–4 Minuten lang erhitzen, dann beiseitestellen und abkühlen lassen. Haferflocken, Buttermilch und Zimt verrühren und in ein Schraubglas füllen. Dann den Topfen mit dem restlichen Honig verrühren und auf die Haferflockenmasse geben. Die ausgekühlten Zwetschken darauf verteilen. Die Walnüsse hacken und ebenfalls in das Schraubglas geben. Das Glas verschließen und über Nacht im Kühlschrank ziehen lassen.

Energie	Eiweiß	Fett	Kohlenhydrate	Broteinheiten	Lipaseeinheiten
467 kcal	23 g	13 g	63 g	5 BE	26.000 I. E.

Tipps:

- Wenn Sie herkömmliche Milchprodukte schlecht vertragen, ersetzen Sie Topfen und Buttermilch durch laktosefreie Varianten!
- Wechseln Sie bei den Obstsorten – Sie können auf saisonale und regionale Angebote zurückgreifen. Achten Sie bei der Auswahl auf Verträglichkeit und reife Früchte!
- Wenn Sie auf Speisen direkt aus dem Kühlschrank empfindlich reagieren, nehmen Sie die Overnight Oats eine halbe Stunde vor dem Essen heraus.

SUPPEN UND EINTÖPFE

GULASCHSUPPE

Zutaten für 2 Portionen:

- 600 ml Rindsuppe/Rinderbrühe
- 75 g Rindfleisch
- 1 festkochende Kartoffel (hühnereigroß)
- 1 mittelgroße Zwiebel
- 5 Champignons
- 2 ½ EL Sonnenblumenöl
- 2 gestrichene TL edelsüßes Paprikapulver
- 2 TL Tomatenmark
- 1 rote oder gelbe Paprika
- 1 Knoblauchzehe
- 3 EL Schlagobers/Sahne
- Salz, Kümmel, Majoran, Chili
- etwas Essig
- bei Bedarf etwas Mehl

Zubereitung:

Die Zwiebel in Ringe schneiden und im Öl goldgelb rösten. Den gehackten Knoblauch und das würfelig geschnittene Rindfleisch dazugeben und von allen Seiten anbraten. Das Paprikapulver dazugeben, sofort mit Essig ablöschen und mit der Rindsuppe aufgießen. Aufkochen lassen, Tomatenmark einrühren und mit Salz, Kümmel, Chili und Majoran würzen. Die Suppe etwa 1 ½ Stunden zugedeckt leicht köcheln lassen. Nach einer Stunde die würfelig geschnittene Kartoffel, die in Streifen geschnittene Paprika und die blättrig geschnittenen Champignons hineingeben. Gegen Ende der Kochzeit Obers einrühren, eventuell nachwürzen und bei Bedarf mit etwas Mehl binden.

Energie	Eiweiß	Fett	Kohlenhydrate	Broteinheiten	Lipaseeinheiten
355 kcal	12 g	27 g	18 g	1,5 BE	54.000 I.E.

Tipps:
- Achten Sie beim Kauf von Fleisch auf die Nachhaltigkeit der Produkte!
- Für eine vegetarische Alternative können Sie anstelle des Rindfleisches mehr Kartoffeln verwenden und die Rindsuppe gegen eine Gemüsesuppe austauschen.

RAHMSUPPE MIT SCHWARZBROT-CROÛTONS

Zutaten für 2 Portionen:

- 400 ml Wasser
- 1 Spritzer Essig
- Kümmel (ganz)
- 25 g Sauerrahm/saure Sahne
- 25 g Sauermilch
- 1 EL Mehl
- 4 EL Schlagobers/Sahne
- Salz, Pfeffer
- 1 große Scheibe altbackenes Schwarzbrot
- 1 TL Rapsöl
- 1 EL frische Schnittlauchröllchen

Zubereitung:

Wasser mit Salz, Essig und Kümmel zum Kochen bringen. Sauerrahm und Sauermilch mit dem Mehl glattrühren und mit einem Schneebesen in das kochende Wasser einrühren. Die Suppe 5 Minuten ziehen lassen und mit Schlagobers, Salz und Pfeffer verfeinern. Für die Croûtons das Brot in kleine Würfel schneiden und mit dem Öl in einer Pfanne knusprig braten. Die fertige Suppe mit Croûtons und Schnittlauchröllchen bestreuen.

Energie	Eiweiß	Fett	Kohlenhydrate	Broteinheiten	Lipaseeinheiten
203 kcal	4 g	14 g	16 g	1 BE	28.000 I. E.

KÜRBISCREMESUPPE

Zutaten für 2 Portionen:

- 250 g Hokkaidokürbis
- 1 kleine Zwiebel
- 1 Knoblauchzehe
- 50 g Suppengrün
- 1 EL Rapsöl
- 300 ml Gemüsesuppe/Gemüsebrühe
- 1 EL Schlagobers/Sahne
- 1 Prise Muskatnuss, Salz, weißer Pfeffer
- etwas frisch geriebener Ingwer
- 1 EL Kürbiskerne
- 1 gehäufter EL Crème fraîche
- 1 EL Kürbiskernöl

Zubereitung:

Kürbis entkernen und klein schneiden. Zwiebel, Knoblauch und Suppengrün ebenfalls klein schneiden und mit etwas Öl in einem Topf anschwitzen. Dann den Kürbis dazugeben und kurz anbraten. Mit Gemüsebrühe und Schlagobers aufgießen, mit Salz, Pfeffer, Muskatnuss und Ingwer würzen und für etwa 20–30 Minuten köcheln lassen. In der Zwischenzeit die Kürbiskerne hacken und in einer Pfanne ohne Öl anrösten. Die Suppe mit einem Stabmixer pürieren, Crème fraîche einrühren. Abschließend die Suppe in Schüsseln füllen, mit Kürbiskernöl beträufeln und mit Kürbiskernen bestreuen.

Energie	Eiweiß	Fett	Kohlenhydrate	Broteinheiten	Lipaseeinheiten
205 kcal	5 g	17 g	9 g	1 BE	34.000 I. E.

Tipps:

- Dieses Suppenrezept eignet sich auch für andere wasserreiche Gemüsesorten wie beispielsweise Zucchini.
- Wenn Sie eine größere Menge zubereiten und die vollständig ausgekühlte Suppe dann portionsweise einfrieren, haben Sie bei Bedarf eine schnelle Mahlzeit parat!

GEMÜSEEINTOPF

Zutaten für 2 Portionen:

- 3–4 Kartoffeln (hühnereigroß)
- 1 Stange Sellerie
- 1 mittelgroße Pastinake
- 50 g grüne Bohnen
- 2 Karotten
- 1 Kohlrabi
- 1 Zwiebel
- 40 g Rapsöl
- 100 g Karfiol/Blumenkohl
- 120 g Erbsen
- 1 ½ l Gemüsesuppe/Gemüsebrühe
- Petersilie (frisch), Schnittlauch (frisch), Liebstöckel (frisch oder getrocknet), Lorbeerblatt
- 50 g Hartkäse
- Salz, Pfeffer

Zubereitung:

Kartoffeln, Sellerie, Pastinaken, grüne Bohnen, Karotten, Kohlrabi und Zwiebel putzen, würfelig schneiden und in einem Topf mit Öl andünsten. Den Karfiol in Röschen teilen und in den Topf geben, Erbsen ebenfalls dazugeben. Das Gemüse salzen, pfeffern und mit der Gemüsesuppe aufgießen, bis es knapp bedeckt ist. Dann mit Petersilie, Schnittlauch, Liebstöckel und einem Lorbeerblatt würzen. Die Suppe zugedeckt für etwa 30 Minuten bei schwacher Hitze köcheln lassen. In Tellern anrichten und mit geriebenem Käse bestreuen. Dazu passt eine Scheibe Schwarzbrot.

Energie	Eiweiß	Fett	Kohlenhydrate	Broteinheiten	Lipaseeinheiten
517 kcal	24 g	29 g	40 g	3 BE	58.000 I. E.

Tipp: Verwenden Sie festkochende Kartoffeln, wenn Sie die Würfel im fertigen Eintopf haben möchten. Mehlige Kartoffeln verkochen zwar, dem Geschmack des Eintopfs tut das aber keinen Abbruch!

DINKEL-GEMÜSE-SUPPE

Zutaten für 2 Portionen:

- 100 g Dinkelkörner
- 500 ml Gemüsesuppe/Gemüsebrühe
- ½ mittelgroße Karotte
- ½ Lauchstange
- 1 mittelgroße Zwiebel
- ½ Sellerieknolle
- 5 mittelgroße Tomaten
- 50 g Erbsen
- 1 EL Schlagobers/Sahne
- 2 Scheiben Baguette
- 20 g Parmesan
- Salz, Pfeffer

Zubereitung:

Dinkel waschen, mit der Gemüsesuppe in einen Topf geben und 6 Stunden einweichen. Anschließend zum Kochen bringen und etwa 10 Minuten kochen lassen, dann Hitze reduzieren. In der Zwischenzeit Karotten und Lauch in Scheiben schneiden, Zwiebeln und Sellerie fein hacken, Tomaten entkernen und das Fruchtfleisch klein schneiden. Das geschnittene Gemüse und die Erbsen in den Topf geben und bei mittlerer Hitze etwa 30 Minuten köcheln lassen. In der Zwischenzeit das Brot toasten. Die Suppe salzen, pfeffern und Schlagobers einrühren. Parmesan hobeln, auf dem Baguette verteilen und mit der Suppe servieren.

Energie	Eiweiß	Fett	Kohlenhydrate	Broteinheiten	Lipaseeinheiten
413 kcal	23 g	8 g	61 g	5 BE	16.000 I. E.

WIENER KARTOFFELSUPPE

Zutaten für 2 Portionen:

- 5–6 Kartoffeln (hühnereigroß)
- 1 kleine Stange Lauch
- 5 Champignons
- 1 Zwiebel
- 1 kleine Knoblauchzehe
- ½ Karotte
- ½ Sellerieknolle
- 500 ml Gemüsesuppe/ Gemüsebrühe
- 2 EL Sauerrahm/ saure Sahne
- 1 EL Rapsöl
- etwas frischer Majoran (ersatzweise getrockneter, gerebelter Majoran)
- 1 kleines Lorbeerblatt, Muskatnuss, Thymian (getrocknet)
- Salz, Pfeffer

Zubereitung:

Zwiebeln fein hacken, Lauch in Ringe schneiden. Karotte und Sellerie würfelig schneiden, Champignons blättrig schneiden. Zwiebel und Lauch im Öl glasig werden lassen. Dann Karotte, Sellerie und Champignons kurz mitrösten, Knoblauch pressen und dazugeben, mit der Gemüsesuppe aufgießen und aufkochen lassen. In der Zwischenzeit die Kartoffeln schälen und würfelig schneiden. Gemeinsam mit den Gewürzen zur Suppe geben und zugedeckt etwa 20–25 Minuten kochen lassen. Die Suppe in Tellern anrichten und jeweils mit einem Klecks Sauerrahm garnieren.

Energie	Eiweiß	Fett	Kohlenhydrate	Broteinheiten	Lipaseeinheiten
263 kcal	9 g	8 g	38 g	3 BE	16.000 I. E.

Tipp: Verwenden Sie festkochende Kartoffeln, wenn Sie die Würfel in der fertigen Suppe haben möchten. Mehlige Kartoffeln verkochen zwar, dem Geschmack der Suppe tut das aber keinen Abbruch!

ERBSEN-BUTTERNOCKEN-SUPPE

Zutaten für 2 Portionen:

- 500 ml Gemüsesuppe/ Gemüsebrühe
- 1 Zwiebel
- 1 EL Rapsöl
- 400 g tiefgekühlte Erbsen
- 5 Blätter frische Minze
- 1 EL frische Petersilie
- Salz, Pfeffer, 1 Prise Muskatnuss
- 1 Spritzer Zitronensaft
- 2 EL Crème fraîche

Für die Butternocken:

- 110 g Butter (Zimmertemperatur)
- 75 g glattes Mehl
- 75 g Dinkel-Vollkornmehl
- 4 Eier (Zimmertemperatur)
- Salz, Pfeffer, Muskatnuss

Zubereitung:

Minze und Petersilie fein hacken. Zwiebel hacken und in einem Topf in Öl glasig anschwitzen. Erbsen, Minze, Petersilie und Gemüsesuppe dazugeben, aufkochen lassen und etwa 10 Minuten lang auf niedriger Hitze köcheln lassen. Mit Salz, Pfeffer, Muskatnuss und Zitronensaft abschmecken, die Suppe pürieren und die Crème fraîche einrühren.

Für die Butternocken die Butter schaumig rühren und die Eier trennen. Das Eiweiß zu Schnee schlagen und die Dotter einzeln und unter Rühren zur Butter geben. Die Mehlsorten gemeinsam sieben, abwechselnd mit dem Schnee unter die Buttermasse heben und mit Salz, Pfeffer und Muskatnuss würzen. 20 Minuten lang im Kühlschrank rasten lassen. Aus dem Teig mit zwei Teelöffeln Nockerl formen. Vier Nockerl in leicht wallendes Salzwasser geben und bei schwacher Hitze 3 Minuten köcheln lassen. Dann den Topf von der Kochplatte nehmen, mit einem Deckel zudecken und 5 Minuten ziehen lassen. Die Butternocken herausnehmen und in der Erbsensuppe servieren.

Energie	Eiweiß	Fett	Kohlenhydrate	Broteinheiten	Lipaseeinheiten
336 kcal	13 g	22 g	23 g	2 BE	44.000 I. E.

Tipps:

- Probieren Sie die Suppe auch einmal mit frischen Erbsen! Auch junge Zuckererbsenschoten sind bestens geeignet. Beides ist ab Mai/Juni für einige Monate regional verfügbar.
- Bereiten Sie die doppelte Masse an Butternocken zu! Die nicht benötigten Nockerl können nach dem Formen auf einem kleinen Blech einzeln aufgelegt, tiefgekühlt und am nächsten Tag zusammen in einen Tiefkühlbeutel gegeben werden. Dann sind sie einzeln entnehmbar und können bei Bedarf direkt in kochendes Wasser gegeben werden. Die Kochzeit verlängert sich dann um ca. 2 Minuten.

ROTE-RÜBEN-SUPPE

Zutaten für 2 Portionen:

- 350 ml Gemüsesuppe/Gemüsebrühe
- ½ Zwiebel
- 2 EL Sonnenblumenöl
- ¼ Stange Lauch
- 1 Stange Sellerie
- 2–3 mittelgroße Rote Rüben/Rote Beten
- ¼ Sellerieknolle
- 1 kleine Karotte
- ¼ Knolle Fenchel
- ½ TL Rotweinessig
- Rosmarin (getrocknet), Thymian (getrocknet)
- Zucker, Salz, Pfeffer
- 1 EL Schlagobers/Sahne
- 2 EL Sauerrahm/saure Sahne
- ½ TL Kren/Meerrettich
- 2 EL Rote-Rüben-/Rote-Bete-Sprossen
- 2 TL Kresse
- 1 EL Sonnenblumenkerne

Zubereitung:

Zwiebel würfeln und bei mittlerer Hitze in einem Topf mit dem Sonnenblumenöl glasig dünsten. Lauch und Stangensellerie klein schneiden, mit Rosmarin und Thymian in den Topf geben und dünsten, bis das Gemüse weich ist. Rote Rüben, Knollensellerie und Karotten schälen und würfeln, Fenchel waschen und schneiden, alles in den Topf zugeben, salzen und mit der Gemüsesuppe aufgießen. Die Suppe aufkochen und 40 Minuten köcheln lassen. Anschließend pürieren, mit Salz, Pfeffer, Zucker und Essig abschmecken und Schlagobers einrühren. Sauerrahm mit dem Kren verrühren und auf die Suppe setzen. Mit Sprossen, Kresse und Sonnenblumenkernen anrichten.

Energie	Eiweiß	Fett	Kohlenhydrate	Broteinheiten	Lipaseeinheiten
278 kcal	7 g	20 g	17 g	1,5 BE	40.000 I. E.

Tipp: Rüben gibt es in mehreren Farbvarianten. Probieren Sie einmal gelbe Rüben! Sie sind häufig auf Wochenmärkten zu finden.

REISEINTOPF

Zutaten für 2 Portionen:

- 1 Zwiebel
- 1 Knoblauchzehe
- 1 EL Olivenöl
- 150 g Rinderfaschiertes/Rinderhackfleisch
- 1 EL edelsüßes Paprikapulver
- 400 ml Gemüsesuppe/Gemüsebrühe
- 1 gelbe Paprika
- 1 Karotte
- 60 g Rundkornreis
- 125 g gewürfelte Tomaten (aus der Dose)
- 20 g Erbsen
- 1 EL Tomatenmark
- Majoran (getrocknet), Basilikum (getrocknet)
- Salz, Pfeffer
- 50 ml Crème fraîche

Zubereitung:

Zwiebel und Knoblauch schälen, fein hacken und in Öl hell anrösten. Faschiertes dazugeben und gut durchrösten. Paprikapulver dazugeben und mit der Gemüsesuppe aufgießen. Paprika klein schneiden und Karotte grob raspeln. Dann gemeinsam mit Reis, Tomaten, Erbsen, Tomatenmark, Salz, Pfeffer, Majoran und Basilikum in den Topf zufügen und für 15–20 Minuten köcheln lassen. Anschließend mit Crème fraîche garnieren.

Energie	Eiweiß	Fett	Kohlenhydrate	Broteinheiten	Lipaseeinheiten
484 kcal	23 g	26 g	40 g	3 BE	52.000 I.E.

Tipp: Achten Sie beim Kauf von Fleisch auf die Nachhaltigkeit der Produkte!

KAROTTEN-INGWER-SUPPE

Zutaten für 2 Portionen:

- ½ Zwiebel
- 50 g Lauch
- ½ Petersilienwurzel
- ½ Sellerieknolle
- 2 mittelgroße Karotten
- 1 Stück Ingwerwurzel (ca. 1 cm)
- 1 EL Rapsöl
- 75 weiße Bohnen (gekocht)
- 400 ml Gemüsebrühe/Gemüsesuppe
- ½ TL Kreuzkümmel (gemahlen)
- je 1 Prise Zimt und Nelkenpulver
- Salz, Pfeffer
- 25 ml Schlagobers/Sahne
- Saft von ½ Orange

Zubereitung:

Zwiebel, Petersilienwurzel, Sellerie, Karotten und Ingwer schälen und klein schneiden, Lauch in Ringe schneiden. Zwiebel in einem Topf mit dem Rapsöl glasig dünsten. Geschnittenes Gemüse, weiße Bohnen, Ingwer und Salz dazugeben und etwa 3 Minuten braten. Dann mit der Gemüsesuppe ablöschen, mit Kreuzkümmel, Pfeffer, Zimt und Nelkenpulver würzen und für etwa 15 Minuten bei mittlerer Hitze köcheln lassen. Die Suppe pürieren und mit Schlagobers und Orangensaft verfeinern.

Energie	Eiweiß	Fett	Kohlenhydrate	Broteinheiten	Lipaseeinheiten
180 kcal	6 g	10 g	16 g	1 BE	20.000 I.E.

TOMATENSUPPE

Zutaten für 2 Portionen:

- 1 EL Sonnenblumenöl
- 1 Knoblauchzehe
- 1 kleine Zwiebel
- 1 gehäufter EL Tomatenmark
- 3 reife Tomaten
- 250 ml Gemüsesuppe/ Gemüsebrühe
- 250 ml Tomatensaft
- 2 EL Sauerrahm/ saure Sahne
- 1 EL Crème fraîche
- 1 EL Honig
- Basilikum (getrocknet), Majoran (getrocknet), 1 kleines Lorbeerblatt
- Muskatnuss, Salz, Pfeffer
- 2 EL getrocknete Tomaten

Für die Croûtons:

- 1 Scheibe altbackenes Schwarzbrot
- 1 TL Sonnenblumenöl
- 1 EL frische Petersilie

Zubereitung:

Zwiebel und Knoblauch schälen, klein schneiden und in einem Topf mit Öl glasig anschwitzen. Das Tomatenmark hinzugeben und bei mittlerer Hitze unter ständigem Rühren rösten. Die Tomaten klein schneiden, dazugeben und warten, bis die Flüssigkeit fast ganz verdunstet ist. Mit der Gemüsesuppe aufgießen, das Lorbeerblatt hinzufügen und die Flüssigkeit um die Hälfte einkochen lassen. Dann den Tomatensaft dazugeben und etwa 5 Minuten kochen lassen. Basilikum und Majoran dazugeben. Die Suppe beiseitestellen und 10 Minuten ziehen lassen. In der Zwischenzeit das Brot in kleine Würfel schneiden, mit dem Öl in einer Pfanne hell anrösten und die klein geschnittene Petersilie dazugeben. Das Lorbeerblatt aus der Suppe nehmen, diese wieder erwärmen und mit einem Stabmixer pürieren. Anschließend mit Salz, Pfeffer und Muskatnuss würzen, Honig und Crème fraîche einrühren. Die getrockneten Tomaten klein schneiden. Die Suppe in Tellern anrichten und mit Sauerrahm, Croûtons und getrockneten Tomaten garnieren.

Energie	Eiweiß	Fett	Kohlenhydrate	Broteinheiten	Lipaseeinheiten
251 kcal	5 g	13 g	28 g	2 BE	26.000 I. E.

MARONISUPPE MIT APFEL-NUSS-TOPPING

Zutaten für 2 Portionen:

- ½ Zwiebel
- 1 TL Rapsöl
- 175 g Maroni/Esskastanien (vorgegart)
- 250 ml Gemüsesuppe/Gemüsebrühe
- 60 ml Schlagobers/Sahne
- 1 EL Sauerrahm/saure Sahne
- 1 kleines Lorbeerblatt
- je 1 Msp. gemahlener Piment, gemahlene Nelken und gemahlener Koriander
- Zimt, Muskatnuss
- Salz, Pfeffer

Für das Topping:

- ½ kleiner, säuerlicher Apfel
- 20 g Haselnüsse
- 1 TL Butter
- ½ TL Honig
- ½ TL Majoran (getrocknet)
- Salz, Pfeffer

Zubereitung:

Zwiebel schälen und würfeln, in einem Topf mit dem Öl glasig dünsten und mit Nelken, Piment und Koriander würzen. Mit Gemüsesuppe aufgießen, Lorbeerblatt und Maroni hinzufügen. Die Suppe bei niedriger Hitze ½ Stunde köcheln lassen. Für das Topping die Haselnüsse grob hacken und den Apfel in kleine Würfel schneiden. Die Butter in einer Pfanne zerlassen, Apfel und Nüsse etwa 3 Minuten darin dünsten. Honig dazugeben, kurz karamellisieren lassen und mit Salz, Pfeffer und Majoran vermischen. Anschließend das Lorbeerblatt aus der Suppe nehmen und die Suppe mit einem Stabmixer pürieren. Schlagobers einrühren und mit Salz, Pfeffer, Zimt und Muskatnuss abschmecken. Die Suppe kurz aufschäumen und dann mit dem Apfel-Nuss-Topping und jeweils 1 Löffel Sauerrahm anrichten.

Energie	Eiweiß	Fett	Kohlenhydrate	Broteinheiten	Lipaseeinheiten
435 kcal	6 g	24 g	44 g	4 BE	48.000 I. E.

VEGETARISCHE GERICHTE

GEMÜSELASAGNE

Zutaten für 2 Portionen:

Für die Tomatensauce:

- 1 kleine Zwiebel
- 1 Karotte
- 1 TL Olivenöl
- 1 Knoblauchzehe
- 1 EL Tomatenmark
- 150 ml Gemüsesuppe/ Gemüsebrühe
- 250 g passierte Tomaten
- 1 ½ EL Ketchup
- 50 g rote Linsen
- Thymian, Oregano, Basilikum (je nach Verfügbarkeit frisch oder getrocknet)
- Salz, Pfeffer

Für die Gemüsemischung:

- 1 Zwiebel
- 1 kleine Zucchini
- 10 mittelgroße Champignons
- 1 Karotte
- 1 TL Olivenöl
- 250 g Ricotta
- 1 kleine Kugel Mozzarella (gewürfelt)
- Salz, Pfeffer

Außerdem:

- 10 Lasagne-Blätter
- 1 kleine Kugel Mozzarella (gewürfelt)

Zubereitung:

Zwiebel, Karotte und Knoblauch schälen und hacken. Zwiebel und Karotte in einer Pfanne mit Öl dünsten, Knoblauch dazugeben und 1–2 Minuten braten. Dann Tomatenmark, Gemüsesuppe, passierte Tomaten, Ketchup und Linsen dazugeben und 15 Minuten lang kochen, dabei immer wieder umrühren. Mit Thymian, Oregano, Basilikum, Salz und Pfeffer würzen.

Für die Gemüsemischung Zwiebel, Zucchini, Champignons und Karotte klein schneiden. Die Karottenwürfel in einer Pfanne mit Öl kurz anbraten, Zwiebel dazugeben und glasig dünsten. Zucchini und Champignons hinzugeben, mit Salz und Pfeffer abschmecken und abkühlen lassen. Anschließend mit Ricotta und Mozzarella vermischen.

Den Ofen auf 180 °C (Heißluft) vorheizen und eine Auflaufform mit etwas Öl bepinseln. Lasagne-Blätter, Gemüsemischung und Tomatensauce abwechselnd in die Auflaufform schichten, mit Tomatensauce abschließen. Mozzarella darauf verteilen, mit Alufolie abdecken und etwa 45 Minuten im Ofen garen. Dann die Alufolie entfernen und bei 200 °C Ober-/Unterhitze weitere 10 Minuten backen.

Energie	Eiweiß	Fett	Kohlenhydrate	Broteinheiten	Lipaseeinheiten
1.008 kcal	62 g	38 g	102 g	8,5 BE	76.000 I.E.

Tipps:

- Greifen Sie beim Gemüse zu saisonal und regional verfügbaren Sorten und beachten Sie die Verträglichkeit.
- Größere Mengen Karotten ergeben einen süßlichen Geschmack.
- Auch bei den Lasagne-Blättern können Sie variieren – probieren Sie einmal die grüne Variante!

QUINOA-LAIBCHEN MIT TOPFEN-DIP UND SALAT

Zutaten für 2 Portionen:

- 150 ml Gemüsesuppe/Gemüsebrühe
- 125 g Quinoa
- 1 Karotte
- ½ Zucchini
- Lauch (ca. 10 cm)
- 1 Ei
- 1 kleine Zwiebel
- 1 Knoblauchzehe
- 2 EL Rapsöl
- 1 EL Vollkornbrösel/Vollkorn-Paniermehl
- 1 EL frische Petersilie (fein gehackt)
- Semmelbrösel/Paniermehl zum Wälzen
- Salz, Pfeffer

Für den Dip:

- 125 g Topfen/Quark (20 % Fett)
- je ½ Bund Schnittlauch, Petersilie und Dill (frisch)
- 1 EL Olivenöl
- etwas Senf, etwas Zitronensaft
- Salz, Pfeffer

Für den Salat:

- 200 g Blattsalat
- 2 EL Olivenöl
- 1 EL Balsamico-Essig
- ½ TL Honig
- 2 EL Kürbiskerne
- ½ TL Senf
- Salz, Pfeffer

Zubereitung:

Quinoa in einem Sieb mit heißem Wasser abspülen und abtropfen lassen. Die Gemüsesuppe aufkochen lassen, Quinoa dazugeben und bei niedriger Hitze zugedeckt etwa 15 Minuten köcheln lassen. Dann vom Herd nehmen und 10 Minuten quellen lassen, dabei einige Male umrühren. In der Zwischenzeit Zucchini, Zwiebel, Knoblauch und Lauch klein schneiden und Karotte raspeln. Das Gemüse in einer Pfanne mit 1 EL Öl anbraten. Vom Herd nehmen, Petersilie dazugeben, mit Salz und Pfeffer würzen und kalt werden lassen. Dann Ei und Vollkornbrösel unterrühren, aus der Masse Laibchen formen, in Semmelbröseln wälzen und in einer Pfanne mit 1 EL Öl beidseitig knusprig braten. Anschließend aus der Pfanne nehmen.

Für den Dip alle Kräuter fein hacken und mit dem Topfen vermischen. Mit Öl, Salz, Pfeffer, Zitronensaft und Senf verfeinern.

Für den Salat die Salatblätter in mundgerechte Stücke reißen. Für das Dressing Öl, Essig, Honig, Senf, Salz und Pfeffer vermischen. Dressing unter den Salat heben und alles mit Kürbiskernen bestreuen.

Energie	Eiweiß	Fett	Kohlenhydrate	Broteinheiten	Lipaseeinheiten
637 kcal	23 g	34 g	56 g	4,5 BE	68.000 I.E.

Tipp: Wenn Sie herkömmlichen Topfen schlecht vertragen, verwenden Sie die laktosefreie Variante!

PIKANT GEFÜLLTE PALATSCHINKEN

Zutaten für 2 Portionen:

- 125 g Vollkornmehl
- 125 ml Milch
- 2 Eier
- 1 EL Öl
- etwas Mineralwasser
- Salz
- ½ rote Paprika
- 1 kleine Zwiebel
- 50 g Brokkoli
- 2 EL Dosenmais
- 50 g Feta
- 60 g Sauerrahm/saure Sahne
- Salz, Pfeffer
- 80 g Gouda

Zubereitung:
Eier, Mehl, Milch, Salz und Mineralwasser verrühren. Öl in einer Pfanne erhitzen und aus einem Teig Palatschinken backen. Für die Füllung Paprika, Zwiebel und Brokkoli klein schneiden, mit Mais, Feta und Sauerrahm mischen und mit Salz und Pfeffer abschmecken. Die Füllung mittig auf die Palatschinken streichen, diese zusammenrollen, dritteln und aufrecht in eine ofenfeste Form stellen. Mit Käsescheiben belegen und bei im Ofen 200 °C Ober-/Unterhitze backen, bis der Käse geschmolzen ist.

Energie	Eiweiß	Fett	Kohlenhydrate	Broteinheiten	Lipaseeinheiten
649 kcal	36 g	34 g	49 g	4 BE	68.000 I. E.

Tipp: Wenn Sie herkömmliche Milch schlecht vertragen, ersetzen Sie sie durch laktosefreie Milch oder eine pflanzliche Alternative.

OFENKARTOFFELN MIT SCHNITTLAUCH-DIP UND GRÜNEM SALAT

Zutaten für 2 Portionen:

- 2 Ofenkartoffeln oder größere, vorwiegend festkochende Kartoffeln
- 125 g Topfen/Quark (20 % Fett)
- 125 g Sauerrahm/saure Sahne
- 2 TL Senf
- ½ Bund Schnittlauch
- 200 g gemischter Blattsalat
- 2 EL Balsamico-Essig
- 3 EL Olivenöl
- 1 TL Senf
- 2 TL Honig
- Salz, Pfeffer

Zubereitung:
Die Kartoffeln waschen, in Alufolie wickeln und im Ofen bei 200 °C Heißluft 1 Stunde backen. Für den Dip Topfen, Sauerrahm, Senf, Salz, Pfeffer und gehackten Schnittlauch vermischen. Salatblätter in mundgerechte Stücke zupfen. Essig, Öl, Senf, Honig, Pfeffer, Salz und etwas Wasser vermischen und über den Salat gießen. Die Ofenkartoffeln mit Dip und Salat servieren.

Energie	Eiweiß	Fett	Kohlenhydrate	Broteinheiten	Lipaseeinheiten
454 kcal	14 g	28 g	36 g	3 BE	56.000 I. E.

Tipp: Wenn Sie herkömmlichen Topfen schlecht vertragen, verwenden Sie die laktosefreie Variante!

RISI-PISI MIT GEMÜSE

Zutaten für 2 Portionen:

- 250 ml Gemüsesuppe/ Gemüsebrühe
- 100 g Basmatireis
- 1 kleine Zwiebel
- 2 Karotten
- 2 EL Olivenöl
- 1 Kartoffel (hühnereigroß)
- 50 g Karfiol-/ Blumenkohl-Röschen
- 100 g tiefgekühlte Erbsen
- je 1 EL Basilikum und Koriander (frisch, gehackt)
- Ingwer, Kreuzkümmel, Kurkuma (gemahlen)
- Salz, Pfeffer

Zubereitung:

Reis etwa ½ Stunde in kaltem Wasser einweichen. Backofen auf 160 °C Ober-/Unterhitze vorheizen. Zwiebel und Karotten schälen, klein schneiden und mit dem Öl in einem Topf kurz anrösten. Etwas Ingwer, Kreuzkümmel und Kurkuma einrühren und bei mittlerer Hitze anschwitzen. Kartoffel schälen und würfeln, mit dem Karfiol in den Topf geben und etwa 1 Minute andünsten. Reis abspülen und dazugeben, mit der Gemüsesuppe aufgießen, aufkochen lassen und salzen. Zugedeckt in den Backofen stellen und nach ca. 10 Minuten die Erbsen hinzufügen. Die Masse dünsten lassen, bis die Flüssigkeit aufgesogen ist, und anschließend mit Salz, Pfeffer, Koriander und Basilikum abschmecken.

Energie	Eiweiß	Fett	Kohlenhydrate	Broteinheiten	Lipaseeinheiten
351 kcal	10 g	11 g	52 g	4 BE	22.000 I. E.

BRENNNESSEL-RISOTTO MIT FETA

Zutaten für 2 Portionen:

- gut 500 ml Gemüsesuppe/ Gemüsebrühe
- 150 g Risotto-Reis
- 100 g Feta
- 75 g Brennnesselblätter (ersatzweise Spinat oder Mangold)
- 2 Karotten
- 1 kleines Stück Knollensellerie
- 1 Zwiebel
- 1 Knoblauchzehe
- 2 EL Butter
- 1 EL Crème fraîche
- 2 Pimentkörner, 1 Lorbeerblatt, Muskatnuss, Ingwerpulver
- Salz, Pfeffer

Zubereitung:

Karotten, Sellerie, Zwiebel und Knoblauch schälen und klein schneiden. Zwiebel und Knoblauch in einem Topf mit Butter glasig dünsten, Reis hinzufügen und dünsten, bis die Reiskörner ebenfalls leicht glasig werden. Mit etwas Gemüsesuppe ablöschen. Karotten, Sellerie, Lorbeerblatt, Piment, etwas Ingwer und Muskatnuss dazugeben und schrittweise mit heißer Gemüsesuppe aufgießen. Sobald die Flüssigkeit aufgesogen ist, Suppe nachgießen und umrühren. Knapp bevor der Reis gar ist, klein geschnittene Brennnesselblätter (Achtung: Handschuhe verwenden!) und Crème fraîche einrühren und mit Salz und Pfeffer abschmecken. Risotto auf Tellern anrichten und mit Feta bestreuen.

Energie	Eiweiß	Fett	Kohlenhydrate	Broteinheiten	Lipaseeinheiten
588 kcal	19 g	24 g	68 g	5,5 BE	48.000 I. E.

KÜRBISGULASCH MIT KARTOFFELSCHMARREN UND GERÖSTETEN KICHERERBSEN

Zutaten für 2 Portionen:

250 g Hokkaido-Kürbis
½ Zwiebel
1 EL Rapsöl
½ TL Tomatenmark
1 TL Paprikapulver
250 ml Gemüsesuppe/Gemüsebrühe
1 Knoblauchzehe
2 EL Schlagobers/Sahne
Majoran, Kümmel
Salz, Pfeffer

Für den Schmarren:

5–6 mehlige Kartoffeln (hühnereigroß)
1 Zwiebel
2 EL Rapsöl
Kümmel, Salz

Für die Kichererbsen:

125 g Kichererbsen (vorgegart)
1 EL Olivenöl
1 TL Paprikapulver
Salz, Pfeffer

Zubereitung:

Kürbis schälen, entkernen und in kleine Würfel schneiden. Zwiebel grob schneiden und mit dem Kürbis im Öl glasig dünsten. Tomatenmark, Paprikapulver, gehackte Knoblauchzehe, Majoran, Kümmel, Salz und Pfeffer dazugeben, umrühren und mit der Gemüsesuppe aufgießen. 15 Minuten kochen lassen. Gegen Ende der Garzeit Schlagobers dazugeben.

Für den Schmarren die Kartoffeln dämpfen, schälen und grob blättrig schneiden. Zwiebel schälen, schneiden und in Öl hell anschwitzen. Die Kartoffeln dazugeben, mit Salz und Kümmel würzen und langsam bei mittlerer Hitze rösten, dabei immer wieder umrühren.

Die Kichererbsen mit Wasser abspülen, auf einem Geschirrtuch trocken tupfen, mit dem Olivenöl vermischen, auf ein mit Backpapier belegtes Backblech geben und im Ofen bei 180 °C Heißluft für etwa 30 Minuten backen. Dann Salz, Pfeffer und Paprikapulvermischen, die Kichererbsen darin wenden und für weitere 10 Minuten in den Ofen geben.

Die Kichererbsen auf dem Kürbisgulasch verteilen und mit dem Kartoffelschmarren servieren.

Energie	Eiweiß	Fett	Kohlenhydrate	Broteinheiten	Lipaseeinheiten
436 kcal	9 g	25 g	44 g	4 BE	50.000 I. E.

BULGUR-GEMÜSE-AUFLAUF

Zutaten für 2 Portionen:

- 600 ml Gemüsesuppe/Gemüsebrühe
- 300 g Bulgur
- 1 Zwiebel
- 1 Knoblauchzehe
- 1 EL Olivenöl
- ½ Zucchini
- 1 Karotte
- 1 kleine rote Paprika
- 100 g Brokkoli
- 100 g Feta
- 80 g Gouda oder Mozzarella (gerieben)
- 2 Eier
- 60 ml Milch
- Basilikum (frisch), Rosmarin (getrocknet), Thymian (getrocknet)
- Salz, Pfeffer

Zubereitung:

Bulgur in ein Sieb geben und mit kaltem Wasser abspülen. 20 Minuten in der Gemüsesuppe köcheln lassen, dann auskühlen lassen. Zwiebel und Knoblauch schälen, klein schneiden und mit dem Öl hell anrösten. Dann geschnittene Zucchini, Karotte, Paprika und Brokkoli dazugeben und kurz mitrösten. Das Röstgemüse mit dem Bulgur vermischen, Feta zerbröseln und darüber verteilen, mit Rosmarin, Basilikum, Thymian, Salz und Pfeffer abschmecken und in eine Auflaufform füllen. Eier, Milch und Käse verquirlen und die Mischung gleichmäßig auf der Gemüsemasse verteilen. Im Ofen bei 160 °C Heißluft 30 Minuten backen.

Energie	Eiweiß	Fett	Kohlenhydrate	Broteinheiten	Lipaseeinheiten
737 kcal	45 g	40 g	49 g	4 BE	80.000 I.E.

POLENTASCHNITTEN MIT GEMÜSERAGOUT

Zutaten für 2 Portionen:

- 250 ml Gemüsesuppe/Gemüsebrühe
- 125 g Polenta/Maisgrieß
- 2 EL Schlagobers/Sahne
- 1 TL Rapsöl für die Form
- 1 TL Rosmarin (getrocknet), 1 EL Petersilie (frisch)
- 60 g Parmesan (gerieben)
- 1 kleine Melanzani/Aubergine
- 1 mittelgroße Zucchini
- 1 Zwiebel
- 1 Karotte
- 1 EL Olivenöl
- 1 TL Tomatenmark
- 200 g gewürfelte Tomaten
- Oregano (getrocknet), Basilikum (frisch), Rosmarin (getrocknet)
- Salz, Pfeffer, Muskatnuss
- 2 EL Sojasprossen
- 2 EL Crème fraîche

Zubereitung:

Gemüsesuppe zum Kochen bringen und Polenta unter ständigem Rühren langsam dazugeben. Hitze reduzieren und für 10 Minuten kochen lassen, dabei immer wieder umrühren. Schlagobers, Salz, Pfeffer, Petersilie, Rosmarin und Muskatnuss dazugeben, in eine gefettete Auflaufform füllen und mit Parmesan bestreuen. Im vorgeheizten Ofen bei 220 °C Ober-/Unterhitze etwa 10 Minuten backen.

Für das Gemüseragout Melanzani, Zucchini, Zwiebel und Karotte würfelig schneiden und in Olivenöl andünsten. Nach etwa 3 Minuten Tomatenmark, Tomaten, Oregano, Basilikum und Rosmarin dazugeben und mit Salz und Pfeffer würzen. Gemüseragout mit Crème fraîche und Sojasprossen garnieren und mit Polentaschnitten servieren.

Energie	Eiweiß	Fett	Kohlenhydrate	Broteinheiten	Lipaseeinheiten
442 kcal	19 g	29 g	26 g	2 BE	58.000 I. E.

GEMÜSEQUICHE MIT KRÄUTERDIP

Zutaten für 2 Portionen:

Für den Teig:

- 50 g Butter
- je 40 g Vollkorn-Weizenmehl und Dinkelmehl
- 1 kleines Ei
- 15 ml Wasser
- Salz

Für die Füllung:

- 1 mittelgroße Zucchini
- 100 g Feta
- 8 Champignons
- ½ rote Paprika
- ⅓ Lauchstange
- 2 EL Butter
- 1 Knoblauchzehe
- je ½ TL Thymian, Salbei und Rosmarin (getrocknet)
- Salz, Pfeffer

Für den Überguss:

- 50 ml Schlagobers/Sahne
- 50 g Crème fraîche
- 30 g Gouda (gerieben)
- 2 kleine Eier
- Salz, Muskatnuss

Für den Dip:

- 40 g Topfen/Quark (20 % Fett)
- 40 g Sauerrahm/saure Sahne
- je 1 EL Petersilie, Schnittlauch und Dill (frisch, gehackt)
- Salz, Pfeffer

Zubereitung:

Beide Mehlsorten, Butter, Ei, Salz und Wasser rasch zu einem Teig verkneten oder verrühren, in Folie wickeln und 1 Stunde kühl rasten lassen. Dann den Teig 3 mm dick ausrollen, eine befettete Tarte-Form damit auslegen und im Ofen bei 180 °C Ober-/Unterhitze 12 Minuten backen.

In der Zwischenzeit Zucchini, Champignons, Paprika, Lauch und Knoblauch klein schneiden und etwa 3 Minuten in Butter anschwitzen. Mit Salz, Pfeffer, Thymian, Salbei und Rosmarin würzen und auskühlen lassen. Die Füllung auf dem Teig verteilen, den Feta darüber bröseln. Schlagobers, Crème fraîche, Eier, Gouda, Salz und Muskatnuss verquirlen und über die Tarte gießen. Die Tarte bei 180 °C Ober-/Unterhitze etwa 40 Minuten backen. Alle Zutaten für den Kräuterdip vermengen und diesen mit der Quiche servieren.

Energie	Eiweiß	Fett	Kohlenhydrate	Broteinheiten	Lipaseeinheiten
976 kcal	37 g	76 g	38 g	3 BE	152.000 I. E.

KÄSESPÄTZLE

Zutaten für 2 Portionen:

- 125 g Topfen/Quark (20 % Fett)
- 125 Vollkornmehl
- 2 Eier
- ½ EL Rapsöl
- 1 Zwiebel
- 1 ½ EL Butter
- 70 g Emmentaler (gerieben)
- 2 EL frisch geschnittener Schnittlauch
- ¼ TL Salz, Pfeffer, Muskatnuss

Zubereitung:

Topfen, Mehl, Eier, Öl, Salz, Pfeffer und Muskatnuss zu einem Teig kneten. In der Zwischenzeit Salzwasser zum Kochen bringen. Den Teig durch ein Nockerlsieb in das kochende Salzwasser reiben, aufkochen lassen, bis die Spätzle an die Oberfläche kommen, dann abseihen und kalt abspülen. Zwiebel in feine Ringe schneiden und in der Butter anschwitzen. Spätzle dazugeben, mit Käse und Schnittlauch bestreut anrichten.

Energie	Eiweiß	Fett	Kohlenhydrate	Broteinheiten	Lipaseeinheiten
513 kcal	36 g	22 g	42 g	3,5 BE	44.000 I. E.

Tipp: Wenn Sie herkömmlichen Topfen schlecht vertragen, greifen Sie zur laktosefreien Variante!

SPINATKNÖDEL MIT SALBEIBUTTER

Zutaten für 2 Portionen:

- 2–3 kleine mehlige Kartoffeln
- 175 g Blattspinat (gewaschen und entstielt)
- 125 g Topfen/Quark (20 % Fett)
- 25 g Parmesan (gerieben)
- 45 g Vollkornmehl
- 2 Eidotter
- Salz, Pfeffer, Muskatnuss

Für die Salbeibutter:

- 50 g Butter
- 40 g Parmesan (gerieben)
- 3 EL frischer Salbei (gehackt)
- Salz, Pfeffer

Zubereitung:

Kartoffeln dämpfen. Blattspinat blanchieren, in eiskaltem Wasser abschrecken, ausdrücken und klein schneiden. Kartoffeln schälen und durch eine Kartoffelpresse drücken. Dann mit Topfen, Parmesan, Vollkornmehl, Eidotter und Spinat vermischen und mit Muskatnuss, Salz und Pfeffer würzen. Mit feuchten Händen 4 Knödel formen und in schwach siedendem Salzwasser bei niedriger Hitze 8 Minuten ziehen lassen. Für die Salbeibutter die Butter in einer Pfanne zerlassen, den Salbei dazugeben und mit Salz und Pfeffer würzen. Die Knödel aus dem Wasser nehmen, mit der Salbeibutter übergießen und mit etwas Parmesan bestreuen.

Energie	Eiweiß	Fett	Kohlenhydrate	Broteinheiten	Lipaseeinheiten
605 kcal	29 g	40 g	32 g	2,5 BE	80.000 I. E.

Tipps:

- Wenn Sie herkömmlichen Topfen schlecht vertragen, greifen Sie zur laktosefreien Variante!
- Anstelle von frischem eignet sich auch tiefgekühlter Blattspinat.
- Statt Spinat können Sie auch Mangold oder Brennnessel verwenden.

MÜRBTEIGTASCHEN MIT BUNTEM KARTOFFELSALAT

Zutaten für 2 Portionen:

Für den Teig:

- 125 g Topfen/Quark (20 % Fett)
- 65 g Vollkornmehl
- 15 g Butter
- etwas Milch zum Bestreichen

Für die Füllung:

- 1 Stange Lauch
- 1 Karotte
- 1 EL Rapsöl
- 1 EL frische Petersilie (gehackt)
- 25 g geriebener Schnittkäse (z. B. Gouda)
- Muskatnuss, Salz, Pfeffer
- 2 EL Milch

Für den Salat:

- 4 mittelgroße festkochende Kartoffeln
- 125 g Joghurt
- 2–3 EL Walnusskerne
- 2 EL Kürbiskerne
- 75 g Kohlrabigrün
- einige Rucolablätter
- 4 Radieschen
- 2 EL Sojasprossen
- 1 EL Kürbiskernöl
- 1 TL Zitronensaft
- Salz, Pfeffer

Zubereitung:

Topfen, Mehl und Butter zu einem Teig verkneten und ½ Stunde im Kühlschrank rasten lassen. In der Zwischenzeit den Lauch fein schneiden und die Karotte raspeln. Das Gemüse in Öl anrösten und mit Salz, Pfeffer, Petersilie und Muskatnuss abschmecken. Anschließend den Käse unterrühren. Den Teig ausrollen, in Rechtecke schneiden, die Füllung mittig darauf verteilen, die Rechtecke zuklappen und den Rand festdrücken. Die Taschen mit Milch bestreichen und im Ofen bei 170 °C Heißluft ½ Stunde backen.

Für den Salat Kartoffeln dämpfen, schälen und in Scheiben schneiden. Walnüsse grob hacken und Radieschen schneiden. Joghurt mit Zitronensaft, Kürbiskernöl, Salz und Pfeffer zu einem Dressing rühren. Das Dressing mit den Walnusskernen, Kohlrabigrün, Rucola, Kartoffeln und Radieschen vermischen. Kürbiskerne und Sojasprossen darauf verteilen. Die Gemüsetaschen mit dem Salat anrichten.

Energie	Eiweiß	Fett	Kohlenhydrate	Broteinheiten	Lipaseeinheiten
762 kcal	33 g	44 g	58 g	5 BE	88.000 I. E.

Tipp: Wenn Sie herkömmlichen Topfen schlecht vertragen, greifen Sie zur laktosefreien Variante!

GERICHTE MIT FLEISCH

Tipp: Achten Sie beim Kauf von Fleisch auf die Nachhaltigkeit der Produkte!

PUTENSCHNITZEL MIT KÄSE-KRUSTE AUF GEMÜSEREIS

Zutaten für 2 Portionen:

- 250 g Putenschnitzel
- 1 EL Rapsöl
- 100 g Gouda oder Mozzarella (gerieben)
- 4 EL Schlagobers/Sahne
- 65 ml Milch
- 1 EL glattes Mehl
- Oregano (getrocknet), Thymian (getrocknet), Rosmarin (getrocknet)
- Salz, Pfeffer

Für den Gemüsereis:

- 150 g Reis
- 50 g Erbsen (tiefgekühlt)
- 50 g Mais (aus der Dose)
- ½ kleine Zucchini
- 1 Karotte
- ½ Zwiebel
- 1 EL Öl
- Salz, Pfeffer

Zubereitung:

Fleisch mit Salz und Pfeffer würzen und in einer Pfanne mit Öl beidseitig anbraten. Eine Auflaufform mit Öl ausstreichen, mit 50 g Käse auslegen, das Fleisch und dann den restlichen Käse darauf verteilen. Schlagobers, Milch, Mehl, Oregano, Thymian, Rosmarin, Salz und Pfeffer vermischen, über das Fleisch gießen und im Ofen bei 160 °C Heißluft etwa 30 Minuten backen, bis es eine goldbraune Farbe bekommt.

Für den Gemüsereis den Reis waschen, mit der doppelten Menge Wasser aufkochen, salzen und bei kleiner Hitze 20 Minuten kochen lassen. Inzwischen Zwiebel, Karotte und Zucchini klein schneiden, Erbsen und Mais dazugeben, das Gemüse in einer Pfanne mit Öl kurz braten und mit Salz und Pfeffer würzen. Anschließend mit dem Reis vermengen.

Energie	Eiweiß	Fett	Kohlenhydrate	Broteinheiten	Lipaseeinheiten
1.019 kcal	70 g	45 g	83 g	7 BE	90.000 I. E.

THYMIANTRUTHAHN MIT LINSENGEMÜSE

Zutaten für 2 Portionen:

- 250 g Putenfilet
- 3 Thymianzweige (frisch)
- 200 g getrocknete rote Linsen
- 1 Zwiebel
- 2 Karotten
- Lauch (ca. 10 cm)
- 1 EL Essig
- 1 EL Butter
- Salz, Pfeffer

Zubereitung:

Putenfilet salzen, pfeffern und gemeinsam mit den Thymianzweigen in Alufolie verpackt im Ofen bei 200 °C Ober-/Unterhitze etwa 20 Minuten garen. In der Zwischenzeit die Linsen nach Packungsanleitung kochen und in einem Sieb abtropfen lassen. Das Gemüse klein schneiden. In einem Topf bei mittlerer Hitze die Butter zerlassen, das Gemüse andünsten, mit Essig ablöschen, die Linsen dazugeben und etwa 3–4 Minuten weitergaren. Mit Salz und Pfeffer würzen. Putenfilet aus dem Ofen nehmen und mit dem Gemüse anrichten.

Energie	Eiweiß	Fett	Kohlenhydrate	Broteinheiten	Lipaseeinheiten
577 kcal	50 g	17 g	55 g	4,5 BE	34.000 I. E.

GEFÜLLTES HÜHNERBRÜSTCHEN MIT VOLLKORNNUDELN

Zutaten für 2 Portionen:

- 2 Hühnerbrüste ohne Haut (à 150 g)
- ½ Zwiebel
- 1 Knoblauchzehe
- 2 TL Rapsöl
- 100 g Feta
- 75 ml Gemüsesuppe/Gemüsebrühe
- 60 g aufgetauter Blattspinat
- 2 Blatt Schinken
- Muskatnuss, Salz, Pfeffer
- 200 g Vollkornnudeln

Zubereitung:

Die Hühnerbrust längs einschneiden (nicht durschneiden). Zwiebel und Knoblauch schälen, hacken und in 1 TL Öl in einer Pfanne leicht goldbraun braten. Spinat und geriebene Muskatnuss dazugeben, etwa 3–4 Minuten weitergaren. Mit Salz und Pfeffer würzen und zerkleinerten Feta einrühren. Den Schinken in die Fleischtasche legen und die Spinat-Feta-Mischung darauf verteilen. Den Einschnitt mit einem Zahnstocher verschließen und die gefüllten Hühnerbrüste in der Pfanne mit dem restlichen Öl von allen Seiten kurz anbraten. Die Hühnerbrüste dann in eine Auflaufform geben, mit Gemüsesuppe übergießen und für etwa 25 Minuten im vorgeheizten Ofen bei 220 °C Ober-/Unterhitze garen. In der Zwischenzeit die Nudeln nach Packungsanleitung zubereiten und anschließend mit Hühnerbrüstchen anrichten.

Energie	Eiweiß	Fett	Kohlenhydrate	Broteinheiten	Lipaseeinheiten
732 kcal	70 g	22 g	62 g	5 BE	44.000 I. E.

GEFÜLLTE ZUCCHINI MIT KARTOFFELPÜREE

Zutaten für 2 Portionen:

- 2 Zucchini
- 1 Zwiebel
- 1 Knoblauchzehe
- 1 EL Olivenöl
- 150 g Rinderfaschiertes/ Rinderhackfleisch
- 70 g gekochte Quinoa
- 1 EL frische Petersilie (gehackt)
- Majoran (getrocknet), Salz, Pfeffer

Für die Tomatensauce:

- 250 g passierte Tomaten
- ½ Zwiebel
- 1 Knoblauchzehe
- 1 EL Tomatenmark
- 1 EL Öl
- Lorbeerblatt, Basilikum, Rosmarin, Thymian (jeweils getrocknet)
- Salz, Pfeffer

Für das Püree:

- 6 mehlige Kartoffeln (hühnereigroß)
- 200 ml Milch
- 2 EL Schlagobers/Sahne
- 1 EL Butter
- Muskatnuss, Salz

Zubereitung:

Für die Tomatensauce Knoblauch hacken, Zwiebel schälen, schneiden und in einem Topf mit Öl glasig anschwitzen. Dann Tomatenmark dazugeben, mit passierten Tomaten aufgießen, mit Lorbeerblatt, Basilikum, Rosmarin, Thymian, Salz und Pfeffer würzen und für 20 Minuten köcheln lassen.

Zucchini der Länge nach halbieren und vorsichtig aushöhlen. Knoblauch und Zwiebel klein schneiden und in einer Pfanne mit Öl kurz anschwitzen. Faschiertes mit Knoblauch, Zwiebel, Salz, Pfeffer, Majoran, Petersilie und Quinoa vermischen und die Zucchinihälften damit füllen. Zucchinihälften in eine mit Öl ausgestrichene Backform legen, mit der heißen Tomatensauce nappieren und im Ofen bei 180 °C Ober-/Unterhitze 30 Minuten backen.

In der Zwischenzeit die Kartoffeln dämpfen, schälen und durch die Kartoffelpresse drücken. Milch, Schlagobers und Butter mit einem Schneebesen untermengen, mit Muskatnuss und Salz würzen.

Die gefüllten Zucchini mit Tomatensauce und Kartoffelpüree anrichten.

Energie	Eiweiß	Fett	Kohlenhydrate	Broteinheiten	Lipaseeinheiten
721 kcal	32 g	39 g	59 g	5 BE	78.000 I. E.

Tipp: Für eine vegetarische Variante lassen Sie das Fleisch weg und nehmen Sie stattdessen die doppelte Menge Quinoa.

KALBSSCHNITZEL MIT GEMÜSEMIX UND REIS

Zutaten für 2 Portionen:

- 2 Kalbsschnitzel (à 120 g)
- 1 EL Rapsöl
- 3 Karotten
- 1 Kohlrabi
- 1 Pastinake
- ½ Sellerieknolle
- 1 Zwiebel
- 2 EL Butter
- 50 ml Gemüsesuppe/Gemüsebrühe
- 50 ml Schlagobers/Sahne
- 120 g Reis
- 200 g Brokkoli
- 1 EL frische Petersilie (gehackt)
- 2 Nelken, Salz, Pfeffer

Zubereitung:

Kalbsschnitzel salzen und pfeffern, beidseitig in einer Pfanne mit Öl anbraten und herausnehmen. Gemüse schälen. Karotten, Kohlrabi, Pastinake, Sellerie und ½ Zwiebel feinblättrig schneiden und in der Pfanne mit Butter andünsten. Mit Gemüsesuppe und Schlagobers aufgießen, bei mittlerer Hitze etwa 5–10 Minuten dünsten, mit Salz, Pfeffer und Petersilie würzen. Den Reis mit der doppelten Menge Wasser und Salz in einen Topf geben. Die andere Zwiebelhälfte mit Nelken spicken, zum Reis geben und bei geschlossenem Deckel dünsten, bis das Wasser aufgesogen ist. Den Brokkoli in einem Dampfgarer (alternativ in einem Topf mit Einsatz) dämpfen. Die Kalbsschnitzel mit der Gemüsesauce übergießen und mit Reis und Brokkoli servieren.

Energie	Eiweiß	Fett	Kohlenhydrate	Broteinheiten	Lipaseeinheiten
798 kcal	45 g	37 g	71 g	6 BE	74.000 I. E.

SPAGHETTI BOLOGNESE

Zutaten für 2 Portionen:

- 250 g Vollkornspaghetti
- ½ Zwiebel
- 1 kleine Karotte
- 1 EL Olivenöl
- 1 EL Tomatenmark
- 175 g gemischtes Faschiertes/Hackfleisch
- 200 g passierte Tomaten
- je 1 EL Oregano, Basilikum, Thymian und Rosmarin (getrocknet)
- Salz, Pfeffer
- 2 EL Parmesan (gerieben)

Zubereitung:

Die Nudeln in ausreichend Salzwasser nach Packungsanweisung bissfest kochen. Inzwischen Zwiebel und Karotte klein schneiden. Zwiebel in einem Topf mit Öl glasig dünsten, dann Karotte und Tomatenmark dazugeben. Anschließend das Fleisch hinzufügen und durchbraten. Passierte Tomaten, Oregano, Basilikum, Rosmarin und Thymian hinzufügen, Hitze reduzieren und zugedeckt etwa 45 Minuten köcheln lassen. Anschließend mit Salz und Pfeffer abschmecken, die Sauce auf den Nudeln verteilen und mit Parmesan bestreuen.

Energie	Eiweiß	Fett	Kohlenhydrate	Broteinheiten	Lipaseeinheiten
733 kcal	39 g	27 g	83 g	7 BE	54.000 I. E.

Tipp: Für eine fleischlose Variante können Sie Gemüse wie Karotten, Knollensellerie, Pastinaken und etwas Petersilienwurzel verwenden.

SCHINKENFLECKERL MIT SALAT

Zutaten für 2 Portionen:

- 200 g Vollkorn-Fleckerl (oder andere kleine Teigwaren)
- 1 Zwiebel
- 125 g Kochschinken
- 1 EL Rapsöl
- Majoran (getrocknet)
- 2 EL frische Petersilie (gehackt)
- 30 g Parmesan (gerieben)
- Salz, Pfeffer

Für den Salat:

- 120 g Vogerlsalat/Feldsalat
- 3 EL Kürbiskernöl
- 2 EL Apfelessig
- 1 EL frisch gehackte Kräuter (z. B. Schnittlauch und Petersilie)
- 1 EL Kürbiskerne
- Salz, Pfeffer

Zubereitung:

Nudeln in Salzwasser al dente kochen, abseihen und mit kaltem Wasser abschrecken. Inzwischen Zwiebel in feine Streifen und Schinken würfelig schneiden. Zwiebel und Schinken in Öl braten und die Nudeln dazugeben. Mit Salz, Pfeffer und Majoran würzen und mit Petersilie und Parmesan bestreuen.

Für den Salat Öl, Essig, Kräuter, Salz und Pfeffer vermischen und gemeinsam mit den Kürbiskernen über den Salat geben. Salat mit den Schinkenfleckerln servieren.

Energie	Eiweiß	Fett	Kohlenhydrate	Broteinheiten	Lipaseeinheiten
721 kcal	34 g	33 g	64 g	5 BE	66.000 I. E.

TORTILLA MIT RINDFLEISCH UND GRÜNEM SALAT

Zutaten für 2 Portionen:

- 250 g Rindfleisch (z. B. Rindschnitzel)
- 1 Knoblauchzehe
- 3 TL Limettensaft
- 2 EL Rapsöl
- 1 TL Paprikapulver
- 125 g Sauerrahm/saure Sahne
- 4 Vollkorn-Tortilla-Fladen
- 2 Zwiebeln
- 1 große Tomate
- 1 gelbe Paprika
- 1 Bund Koriander
- je 2 EL Mais und Kidneybohnen (aus der Dose)
- Thymian (getrocknet), Salz, Pfeffer

Für den Salat:

- 1 kleiner Kopf Blattsalat
- 1 Handvoll Rucola
- 2 EL Olivenöl
- 1 EL Kürbiskerne
- 1 EL Balsamico-Essig
- ½ TL Honig
- ½ TL Senf
- Salz, Pfeffer

Zubereitung:

Rindfleisch in Streifen schneiden. Knoblauch hacken und mit 1 TL Limettensaft, 1 EL Öl, Paprikapulver und Thymian vermischen. Das Fleisch in die Marinade einlegen und 1 Stunde im Kühlschrank ziehen lassen. In der Zwischenzeit Paprika und Zwiebel in Spalten schneiden und mit Öl in einer Pfanne weich dünsten. Für die Sauce den Sauerrahm mit 2 TL Limettensaft, Salz, Pfeffer und gehacktem Koriander vermischen. Mais und Bohnen waschen, abtropfen lassen und vermischen. Die Tomate in mundgerechte Stücke schneiden. Die Tortilla-Fladen kurz in der Mikrowelle erwärmen. Das Rindfleisch in der Pfanne 3–4 Minuten von allen Seiten anbraten. Den Tortilla-Fladen mit der Sauce bestreichen, Fleisch, Gemüse und Bohnen-Mais-Mix darauf verteilen und zusammenklappen.

Die Salatblätter in mundgerechte Stücke reißen. Für das Dressing Öl, Essig, Honig, Senf, Salz und Pfeffer vermischen. Dressing über den Salat geben. Mit Kürbiskernen bestreuen.

Energie	Eiweiß	Fett	Kohlenhydrate	Broteinheiten	Lipaseeinheiten
875 g	28 g	45 g	88 g	7 BE	90.000 I. E.

KALBSRAGOUT MIT SEMMELKNÖDELN UND WURZELGEMÜSESALAT

Zutaten für 2 Portionen:

- 200 g Kalbfleisch (z. B. Schulter)
- 2 EL Rapsöl
- 1 Zwiebel
- Rosmarin (getrocknet), Thymian (getrocknet)
- 2 Karotten
- 1 Selleriestange
- 250 ml Rindsuppe/ Rinderbrühe
- 1 Lorbeerblatt, Salz, Pfeffer
- ½ Bund frische Petersilie (gehackt)

Für die Semmelknödel:

- 80 g Semmelwürfel
- 80 ml Milch
- 1 EL Butter
- 2 Eier
- ½ Bund Petersilie
- Muskatnuss, Salz, Pfeffer
- 2 EL Mehl

Für den Salat:

- ½ Knolle Sellerie
- 1 Karotte
- 1 Schwarzwurzel
- 1 Petersilienwurzel
- 2 EL Zitronensaft
- 1 EL Essig
- 1 EL Olivenöl
- ½ EL Honig
- Salz, Pfeffer

Zubereitung:

Fleisch und Gemüse würfelig schneiden. Fleisch in Öl von allen Seiten anbraten und aus dem Topf nehmen. Zwiebel, Thymian und Rosmarin kurz im Bratenrückstand anrösten, dann die Gemüsewürfel dazugeben und mit Rindsuppe ablöschen. Fleisch und Lorbeerblatt hinzufügen und kurz aufkochen lassen. Zugedeckt etwa 1 ½ Stunden bei niedriger Hitze schmoren lassen, bis das Ragout eindickt. Lorbeerblatt entfernen, mit Salz und Pfeffer würzen.

Für die Semmelknödel Milch erwärmen, Butter darin schmelzen und die Semmelwürfel damit übergießen. Petersilie fein hacken. Eier verquirlen, mit Petersilie, Muskatnuss, Salz und Pfeffer zur Knödelmasse geben, vermengen und etwa 20 Minuten ziehen lassen. Mit feuchten Händen Knödel formen, in Mehl wenden und im Salzwasser 20 Minuten schwach kochen lassen.

Für den Salat Sellerie, Karotten, Schwarzwurzel und Petersilienwurzel bissfest garen, etwas abkühlen lassen und mit einer Gemüsereibe grob reiben. Zitronensaft, Essig, Olivenöl, Honig, Pfeffer und Salz vermischen und unter die Gemüsemischung geben.

Kalbsragout und Semmelknödel mit Petersilie bestreuen und mit dem Salat servieren.

Energie	Eiweiß	Fett	Kohlenhydrate	Broteinheiten	Lipaseeinheiten
867 kcal	44 g	41 g	78 g	6,5 BE	82.000 I. E.

HÜHNERTOPF MIT GEWÜRZREIS

Zutaten für 2 Portionen:

- 500 g Hühnerkeulen
- 35 g Schinken
- 1 Karotte
- ½ Stange Sellerie
- 1 kleine Zwiebel
- 300 ml Gemüse- oder Hühnersuppe/-brühe
- 5 Champignons
- 100 g Buchweizen
- 25 g Zartbitterschokolade
- 1 ½ EL Vollkornmehl
- 1 EL Öl
- 1 EL Tomatenmark
- 2 Pimentkörner, 2 Gewürznelken, 1 Zimtstange, 1 Lorbeerblatt
- Oregano (getrocknet), Salz, Pfeffer

Zubereitung:

Hühnerkeulen mit Salz und Pfeffer würzen. Schinken, Karotte und Stangensellerie würfeln. Zwiebel in Streifen schneiden und Champignons blättrig schneiden. Das Fleisch in einer hohen Pfanne in Öl goldbraun anbraten und herausnehmen. Dann Karotten, Stangensellerie und Zwiebel bei mittlerer Hitze etwa 5 Minuten braten. Schinken und Champignons dazugeben und kurz mitbraten, dann das Gemüse herausnehmen. Die Hühnerkeulen wieder in die Pfanne geben, Tomatenmark dazugeben, mit Mehl bestäuben und mit 50 ml Suppe ablöschen. Lorbeer, Oregano, Piment, Salz und Pfeffer dazugeben, mit der restlichen Suppe aufgießen und für 30 Minuten bei niedriger Hitze köcheln lassen. Dann das Gemüse beimengen und weitere 15 Minuten garen.

In der Zwischenzeit Zimtstange und Nelken zum Buchweizen geben und diesen nach Packungsanleitung garen. Sobald das Fleisch weich ist, Lorbeer, Zimt, Piment und Nelken entfernen, die Schokolade in die Sauce geben und schmelzen lassen. Mit Salz und Pfeffer abschmecken und mit dem Buchweizen servieren.

Energie	Eiweiß	Fett	Kohlenhydrate	Broteinheiten	Lipaseeinheiten
989 kcal	61 g	59 g	53 g	4,5 BE	118.000 I. E.

TOMATEN-PUTENSCHNITZEL MIT NATURREIS UND ERBSENGEMÜSE

Zutaten für 2 Portionen:

- 300 g Hühnerbrustschnitzel
- 1 EL Olivenöl
- 200 g gewürfelte Tomaten (aus der Dose)
- 80 g Crème fraîche
- 4 Tomaten
- 100 g Feta
- 120 g Naturreis
- 160 g Erbsen
- 1 EL Butter
- 1 EL fein gehackte Petersilie, 5 Blätter frisches Basilikum
- Rosmarin (getrocknet), Thymian (getrocknet)
- Salz, Pfeffer

Zubereitung:

Fleisch salzen, pfeffern und in einer Pfanne mit Öl anbraten, bis es Farbe annimmt. Dosentomaten, Crème fraîche, Rosmarin, Thymian, Salz und Pfeffer mischen und in eine Auflaufform füllen. Das Fleisch darauf verteilen. Die Tomaten in Scheiben schneiden und auf dem Fleisch verteilen. Den Feta darüberbröseln, die Hälfte der Petersilie dazugeben und auf den Tomaten verteilen. Die Basilikumblätter grob schneiden, über den Auflauf streuen und diesen im vorgeheizten Backofen bei 180 °C Heißluft für etwa 20 Minuten backen.

In der Zwischenzeit den Reis laut Packungsanleitung zubereiten. Die Erbsen in einem Topf mit Einsatz etwa 5 Minuten dämpfen. Anschließend in einer Pfanne mit Butter schwenken und mit der restlichen Petersilie vermischen. Die Hühnerbrust mit Erbsen und Naturreis anrichten.

Energie	Eiweiß	Fett	Kohlenhydrate	Broteinheiten	Lipaseeinheiten
858 kcal	61 g	39 g	65 g	5,5 BE	78.000 I. E.

FISCHGERICHTE

Tipp: Achten Sie beim Kauf von Fisch auf nachhaltige Zucht- und Fangmethoden!

THUNFISCH-PASTA

Zutaten für 2 Portionen:

- 200 g Vollkornspaghetti
- 70 g Kapern
- 2 EL Parmesan (gerieben)
- einige schwarze Oliven
- 200 g passierte Tomaten
- 75 g Thunfisch in Öl
- ½ Zwiebel
- ½ Karotte
- 2 EL Olivenöl
- 1 EL Tomatenmark
- einige Basilikumblätter (frisch)
- Oregano, Thymian, Rosmarin (getrocknet)
- Salz, Pfeffer

Zubereitung:
Spaghetti nach Packungsanweisung in Salzwasser kochen. In der Zwischenzeit Zwiebel und Karotte klein schneiden und in einem Topf mit Öl anschwitzen, dann Tomatenmark dazugeben. Mit passierten Tomaten aufgießen und bei mittlerer Hitze etwa 10 Minuten einkochen lassen. Kapern und Thunfisch abtropfen lassen und zur Sauce geben. Oliven in Scheiben schneiden, zur Sauce geben und mit Oregano, Thymian, Rosmarin, Salz, Pfeffer und gehackten Basilikumblättern würzen. Die Sauce auf den Spaghetti verteilen und mit Parmesan bestreuen.

Energie	Eiweiß	Fett	Kohlenhydrate	Broteinheiten	Lipaseeinheiten
630 kcal	28 g	27 g	68 g	6 BE	54.000 I E.

Tipps:
- Als Alternative zum Thunfisch kann auch heimischer Fisch verwendet werden: Fischfilet in kleine Würfel schneiden, mit etwas Zitronensaft und Salz würzen und in 1 TL Oliven- oder Rapsöl braten. Die Fischwürfel dann auf den Spaghetti mit der Sauce verteilen.
- Das Gericht lässt sich vielfältig variieren, indem Sie die Pastasorten abwechseln: Spaghettini, Fusilli, Farfalle ... Einige Pastasorten sind auch gefärbt (z. B. mit Spinat oder Sepiatinte) erhältlich.

TORTELLINI MIT LACHSSAUCE

Zutaten für 2 Portionen:

- 250 g Tortellini mit Gemüsefüllung
- 200 g Brokkoli
- 1 Zwiebel
- 2 EL Olivenöl
- 1 EL Mehl
- 250 ml Gemüsesuppe/ Gemüsebrühe
- 250 g Lachs
- 40 g Sauerrahm/ saure Sahne
- 20 ml Schlagobers/Sahne
- je 1 EL Dill (frisch oder tiefgekühlt) und Thymian (getrocknet)
- 1 TL Zitronensaft
- Muskatnuss, Salz, Pfeffer

Zubereitung:

Tortellini nach Packungsanleitung zubereiten. Brokkoli in Röschen teilen und über kochendem Wasser bissfest dämpfen. Zwiebel schälen, klein schneiden und in einem Topf mit der Hälfte des Öls anschwitzen. Mit Mehl bestäuben, dann unter Rühren die Gemüsesuppe dazugeben. Die Sauce aufkochen, Hitze reduzieren, Sauerrahm und Schlagobers einrühren und mit Dill, Thymian, Salz, Pfeffer und Muskatnuss würzen. Lachs mit Salz, Pfeffer und Zitronensaft würzen und in einer Pfanne mit dem restlichen Öl leicht anbraten. Dann den Lachs zerteilen und mit Tortellini und Brokkoli zur Sauce geben.

Energie	Eiweiß	Fett	Kohlenhydrate	Broteinheiten	Lipaseeinheiten
792 kcal	41 g	39 g	69 g	6 BE	78.000 I. E.

Tipp: Als Alternative zum Lachs eignet sich auch heimischer Fisch.

FORELLE MIT GEMÜSE-KÄSE-KRUSTE UND WILDREIS

Zutaten für 2 Portionen:

- 120 g Wildreis
- 400 g Forellenfilets
- Fischgewürz
- 1 EL Rapsöl
- 1 EL Mehl
- 2 Karotten
- ½ Sellerieknolle
- 1 Jungzwiebel
- ½ Bund Petersilie
- 2 Eier
- 2 EL Sauerrahm/ saure Sahne
- 100 g geriebener Käse (z. B. Gouda)
- 1 EL Zitronensaft
- Salz, Pfeffer

Zubereitung:

Wildreis nach Packungsanleitung kochen. Forellenfilets mit Fischgewürz, Salz, Pfeffer und Zitronensaft würzen, in Mehl wenden und in einer Pfanne mit Öl beidseitig kurz anbraten. Die Filets anschließend in eine befettete Auflaufform geben. Für die Gemüse-Käse-Kruste Karotten und Sellerie grob schneiden, Jungzwiebel und Petersilie fein schneiden. Eier, Sauerrahm, die Hälfte vom Käse, Salz, Pfeffer und Petersilie vermischen und mit dem Gemüse verrühren. Die Gemüse-Käse-Masse auf die Fischfilets setzen, mit dem restlichen Käse bestreuen und im vorgeheizten Ofen bei 180 °C Heißluft etwa 25 Minuten backen. Die Forellenfilets mit Wildreis servieren.

Energie	Eiweiß	Fett	Kohlenhydrate	Broteinheiten	Lipaseeinheiten
897 kcal	83 g	36 g	59 g	5 BE	72.000 I. E.

LACHS-SPINAT-STRUDEL MIT BÉCHAMELKARTOFFELN

Zutaten für 2 Portionen:

- 125 g glattes Mehl
- 60 ml lauwarmes Wasser
- 1 EL Rapsöl, 1 TL Öl zum Bestreichen
- Salz
- 15 g flüssige Butter zum Bestreichen
- ½ Ei
- 15 g Parmesan (gerieben)

Für die Füllung:

- ½ kleine Zwiebel
- ½ Knoblauchzehe
- 1 TL Olivenöl
- 150 g Spinat (tiefgekühlt)
- 150 g Lachsfilet
- 1 TL Zitronensaft
- Muskatnuss, Salz, Pfeffer

Für die Kartoffeln:

- 5 mittelgroße festkochende Kartoffeln
- 150 ml Milch
- 100 ml Gemüsesuppe/Gemüsebrühe
- 1 EL Butter
- 1 EL Vollkornmehl
- 1 EL Dill (frisch)
- Salz, Pfeffer, Muskatnuss

Zubereitung:

Mehl, Wasser, Öl und Salz in der Küchenmaschine zu einem glatten Teig verkneten, mit Öl bestreichen und 1 Stunde rasten lassen.

Für die Füllung Zwiebel und Knoblauch schälen und klein hacken. Zwiebel in einer Pfanne mit Öl glasig anschwitzen, dann Knoblauch und aufgetauten Spinat dazugeben und kurz dünsten. Mit Salz, Pfeffer und Muskatnuss würzen. Lachs in feine Streifen schneiden, mit Salz, Pfeffer und Zitronensaft würzen und mit der Spinatmasse mischen. Den Strudelteig auf einem Strudeltuch hauchdünn ausziehen, mit Butter bestreichen und die Masse auf ⅔ des Teiges verteilen. Den Strudel einrollen, Ei versprudeln, den Strudel damit bestreichen und mit Parmesan bestreuen. Im vorgeheizten Backofen bei 180 °C Ober-/Unterhitze ½ Stunde backen.

In der Zwischenzeit die Kartoffeln 25 Minuten dämpfen, abkühlen lassen, schälen und in Scheiben schneiden. Butter in einem Topf erhitzen, Mehl darin anschwitzen und dann mit Milch und Gemüsesuppe unter Rühren ablöschen. Die Sauce etwa 5 Minuten leicht köcheln lassen, mit Salz, Pfeffer, Muskatnuss und Dill abschmecken und die Kartoffeln dazugeben.

Den Strudel mit den Béchamelkartoffeln servieren.

Energie	Eiweiß	Fett	Kohlenhydrate	Broteinheiten	Lipaseeinheiten
799 kcal	36 g	36 g	82 g	7 BE	72.000 I. E.

Tipps:
- Als Alternative zum Lachs eignet sich auch heimischer Fisch.
- Das Gericht gelingt auch gut mit fertigem Strudelteig.

KABELJAU-CURRY MIT WILDREIS

Zutaten für 2 Portionen:

- 125 g Wildreis
- 2 EL Cashewkerne
- 1 EL Rapsöl
- 2 Karotten
- ½ Stange Lauch
- 300 g Kabeljau
- 250 ml Joghurt
- ½ Bund Koriander
- 1 EL Vollkornmehl
- 100 ml Gemüsesuppe/Gemüsebrühe oder Fischfond
- 1 TL Currypulver
- Salz, Pfeffer

Zubereitung:

Wildreis nach Packungsanleitung kochen, Koriander fein hacken. Cashewkerne ohne Öl in einer Pfanne kurz rösten und herausnehmen. Karotten in Stifte und Lauch in feine Ringe schneiden. Kabeljau würfeln, salzen, in Mehl wenden, in einer Pfanne mit Öl etwa 3 Minuten braten und herausnehmen. Dann das Gemüse andünsten, Currypulver dazugeben und mit Gemüsesuppe oder Fond ablöschen. Alles aufkochen, die Fischwürfel und Cashewkerne dazugeben und mit Salz und Pfeffer abschmecken. Das Curry auf Serviertemperatur abkühlen lassen und das Joghurt einrühren. Curry mit Wildreis servieren und mit Koriander bestreuen.

Energie	Eiweiß	Fett	Kohlenhydrate	Broteinheiten	Lipaseeinheiten
723 kcal	51 g	17 g	89 g	7,5 BE	34.000 I. E.

Tipp: Als Alternative zum Kabeljau eignet sich auch heimischer Fisch.

FORELLENFILET IN DILLSAUCE MIT PETERSILKARTOFFELN UND GEMÜSEMISCHUNG

Zutaten für 2 Portionen:

- 5 mittelgroße festkochende Kartoffeln
- 1 EL Butter
- 400 g Gemüsemischung (tiefgekühlt)
- 100 g Mandelblättchen
- 2 Forellenfilets
- 2 EL Sauerrahm/saure Sahne
- 1 EL Rapsöl
- 60 ml Gemüsesuppe/Gemüsebrühe oder Fischfond
- je ½ Bund Dill und Petersilie
- 1 Spritzer Zitronensaft
- Salz, Pfeffer

Zubereitung:

Die Kartoffeln etwa 20 Minuten bissfest dämpfen, etwas abkühlen lassen, schälen und vierteln. In einem Topf mit Butter, etwas Salz und gehackter Petersilie schwenken. Die Gemüsemischung etwa 10 Minuten über Wasserdampf bissfest garen. Mandelblättchen ohne Öl in einer Pfanne hell rösten und herausnehmen. Forellenfilets mit Salz, Pfeffer und Zitronensaft würzen, mit Öl in der Pfanne braten und aus der Pfanne nehmen. Bratrückstand mit Gemüsesuppe oder Fischfond aufgießen, salzen, pfeffern und etwas Zitronensaft einträufeln. Dann Sauerrahm und gehackten Dill einrühren. Das Forellenfilet mit Dillsauce übergießen, mit Mandelblättchen bestreuen und gemeinsam mit den Petersilienkartoffeln und der Gemüsemischung servieren.

Energie	Eiweiß	Fett	Kohlenhydrate	Broteinheiten	Lipaseeinheiten
838 kcal	52 g	43 g	60 g	5 BE	86.000 I. E.

FISCH-PAELLA

Zutaten für 2 Portionen:

- 1 Zwiebel
- 1 Knoblauchzehe
- 2 Tomaten
- 2 EL Olivenöl
- 120 g Arborio-Reis
- 70 g Erbsen (tiefgekühlt)
- 1 TL Paprikapulver
- einige Safranfäden
- 350 ml Fischfond oder Gemüsesuppe/ Gemüsebrühe
- ½ Bund Petersilie
- 125 g Zanderfilet
- 100 g Lachsfilet
- 100 g Schollenfilet
- Saft von ½ Zitrone
- Thymian (getrocknet), Salz, Pfeffer

Zubereitung:

Zwiebel, Knoblauch und Tomaten würfeln und in einer großen Pfanne mit Öl etwa 5 Minuten anbraten. Dann Reis, Erbsen, Safran und Paprikapulver dazugeben und etwa 2 Minuten braten. Mit Fond oder Suppe aufgießen und bei niedriger Hitze ca. 20 Minuten köcheln lassen. Petersilie hacken, unter die Paella mischen und mit Salz, Pfeffer und Thymian abschmecken. Fischfilets würfeln und mit Salz, Pfeffer und Zitronensaft würzen, auf der Paella verteilen und alles zusammen zugedeckt etwa 10 Minuten garen.

Energie	Eiweiß	Fett	Kohlenhydrate	Broteinheiten	Lipaseeinheiten
539 kcal	38 g	19 g	54 g	4,5 BE	38.000 I. E.

Tipp: Als Alternative zu Lachs und Scholle eignet sich auch heimischer Fisch.

KARTOFFEL-MANGOLD-LACHS-AUFLAUF

Zutaten für 2 Portionen:

5 mittelgroße festkochende Kartoffeln
½ Zwiebel
400 g Mangold
1 EL Olivenöl
400 g Lachsfilet
140 ml Gemüsesuppe/ Gemüsebrühe
2 EL Sauerrahm/ saure Sahne
2 EL Dill (frisch)
2 TL Zitronensaft, 1 TL Zitronenschale
2 TL Butter
2 TL Vollkornmehl
Muskatnuss, Salz, Pfeffer

Zubereitung:

Kartoffeln bissfest dämpfen. Mangold und Zwiebel klein schneiden. Zwiebel in einer Pfanne mit Öl glasig dünsten, Mangold dazugeben und mit Salz, Pfeffer und Muskatnuss würzen. Lachsfilet würfeln, mit Zitronensaft beträufeln, salzen und pfeffern. Butter in einem Topf zerlassen, mit Mehl bestäuben und verrühren. Unter Rühren mit der Gemüsesuppe aufgießen. Sauerrahm, Zitronenschale und Dill einrühren, mit Salz und Pfeffer würzen. Kartoffeln in Scheiben schneiden und in eine befettete Auflaufform schichten. Zuerst mit Mangold und dann mit den Lachswürfeln bedecken. Mit Sauce übergießen und im vorgeheizten Ofen bei 175 °C Heißluft etwa 25 Minuten backen.

Energie	Eiweiß	Fett	Kohlenhydrate	Broteinheiten	Lipaseeinheiten
681 kcal	50 g	36 g	38 g	3 BE	72.000 I.E.

Tipps:

- Als Alternative zum Lachs eignet sich auch heimischer Fisch.
- Statt Mangold passt auch Blattspinat (frisch oder tiefgekühlt) sehr gut.

GEBRATENER ZANDER AUF LEINÖL-KARTOFFELN MIT BLATTSALAT

Zutaten für 2 Portionen:

- 5 mittelgroße mehlige Kartoffeln
- 60 ml Milch
- 1 ½ EL Sauerrahm/ saure Sahne
- 3 EL Leinöl
- 300 g Zanderfilet ohne Haut
- ½ Zitrone (unbehandelt)
- 1 Zweig Rosmarin (frisch)
- 2 EL Rapsöl
- 200 g gemischter Blattsalat
- 2 EL Balsamico-Essig
- 3 EL Olivenöl
- 1 TL Senf
- 2 TL Honig
- Salz, Pfeffer

Zubereitung:

Kartoffeln dämpfen, schälen und blättrig schneiden. Milch in einem Topf erhitzen, Kartoffeln dazugeben und zu einem sämigen Brei verrühren. Sauerrahm und Leinöl einrühren und mit Salz und Pfeffer abschmecken.

Zanderfilets salzen, pfeffern und gemeinsam mit der halbierten Zitrone und dem Rosmarin beidseitig in Rapsöl braten.

Salatblätter in mundgerechte Stücke zupfen. Essig, Öl, Senf, Honig, Pfeffer, Salz und etwas Wasser vermischen und über den Salat gießen. Leinöl-Kartoffeln anrichten, Zanderfilets darüberlegen und mit grünem Salat servieren.

Energie	Eiweiß	Fett	Kohlenhydrate	Broteinheiten	Lipaseeinheiten
737 kcal	36 g	44 g	48 g	4 BE	88.000 I. E.

FARFALLE MIT GARNELEN UND BROKKOLI

Zutaten für 2 Portionen:

- 120 g Farfalle
- 200 g Garnelen
- 200 g Brokkoli
- 1 Knoblauchzehe
- ½ Bund Petersilie
- 2 EL Olivenöl
- 250 g Kirschtomaten
- 100 ml Gemüsesuppe/ Gemüsebrühe
- 60 g Parmesan (gerieben)
- Salz, Pfeffer

Zubereitung:

Farfalle nach Packungsanweisung kochen. Garnelen waschen und trocken tupfen, Brokkoli in Röschen teilen, Knoblauch und Petersilie hacken und Tomaten halbieren. Garnelen in einer Pfanne mit Öl kurz anbraten, salzen und pfeffern, dann den Knoblauch dazugeben. Die Garnelen weiterbraten, bis sie gar sind, und anschließend aus der Pfanne nehmen. Brokkoli und Tomatenhälften in die Pfanne geben, mit Gemüsesuppe aufgießen und etwa 5 Minuten dünsten. Garnelen und Petersilie unter die Nudeln mischen. Mit Parmesan bestreuen.

Energie	Eiweiß	Fett	Kohlenhydrate	Broteinheiten	Lipaseeinheiten
515 kcal	34 g	21 g	48 g	4 BE	42.000 I. E.

Tipp: Als Alternative zu Meeresfrüchten mit langen Transportwegen eignen sich Flusskrebse oder Garnelen aus heimischer Zucht.

DORSCH IN SESAMKRUSTE MIT RAHMKARTOFFELN

Zutaten für 2 Portionen:

- 5 mittelgroße speckige Kartoffeln
- 1 ½ EL Vollkornmehl
- 1 EL Olivenöl
- 2 EL Essig
- 500 ml Gemüsesuppe/ Gemüsebrühe
- 2 EL Sauerrahm/ saure Sahne
- 250 g Brokkoli
- 2 Dorschfilets
- 25 g Sesam
- 1 Ei
- 2 EL Olivenöl
- 1 TL Senf
- ½ TL Kreuzkümmel (gemahlen)
- Salz, Pfeffer

Zubereitung:

Kartoffeln bissfest dämpfen. In der Zwischenzeit Mehl in einem Topf mit Olivenöl kurz rösten und mit Essig ablöschen. Dann mit der Gemüsesuppe aufgießen und unter ständigem Rühren etwa 5 Minuten kochen lassen. Kreuzkümmel, Senf und Sauerrahm dazugeben, salzen, pfeffern und die geschnittenen Kartoffeln dazugeben. Die Kartoffeln auf der ausgeschalteten Herdplatte ziehen lassen. Brokkoli über siedendem Wasser bissfest dämpfen. Dorsch salzen und pfeffern und in verquirltem Ei wenden. Dann im Sesam wälzen und in einer Pfanne mit Öl auf beiden Seiten etwa 3 Minuten braten. Den Dorsch mit Rahmkartoffeln und Brokkoli anrichten.

Energie	Eiweiß	Fett	Kohlenhydrate	Broteinheiten	Lipaseeinheiten
600 kcal	43 g	28 g	42 g	3,5 BE	56.000 I. E.

Tipp: Als Alternative zum Dorsch eignet sich auch heimischer Fisch.

FISCHLAIBCHEN MIT BÄRLAUCHPÜREE

Zutaten für 2 Portionen:

- 200 g Lachsfilet (tiefgekühlt)
- 1 Dinkel-Vollkornweckerl/-brötchen
- 35 ml Milch zum Einweichen
- 1 Frühlingszwiebel
- 150 g Sommergemüse (tiefgekühlt)
- 4 EL Vollkorn-Semmelbrösel/Vollkorn-Paniermehl
- 1 Ei
- ½ Bund Petersilie (gehackt), 1 EL Dill (frisch)
- Muskatnuss, Salz, Pfeffer

Für das Püree:

- je 3 mittelgroße speckige und mehlige Kartoffeln
- 125 ml Milch
- 1 TL Butter
- 20 g Bärlauch
- 1 EL Olivenöl
- Kümmel, Muskatnuss, Salz

Zubereitung:

Für das Püree die Kartoffeln 20 Minuten dämpfen. Milch mit Butter, Kümmel und Muskatnuss in einem Topf aufkochen lassen und die heißen, geschälten Kartoffeln mit einer Kartoffelpresse hineindrücken. Das Püree salzen und mit einem Schneebesen flaumig schlagen. Bärlauch mit Olivenöl zu einem Pesto mixen und unter das Püree rühren.

Für die Fischlaibchen das Lachsfilet und das Gemüse mit einem Schuss Wasser in einer Pfanne auftauen und etwa 4 Minuten dünsten. In der Zwischenzeit das Weckerl zerreißen und in Milch einweichen. Jungzwiebel klein schneiden. Gemüse, Lachs und Weckerl mit einem Stabmixer grob pürieren. Das Ei verquirlen und mit den Jungzwiebeln zur Fischmasse geben. Die Masse mit Salz, Pfeffer, Muskatnuss und Dill abschmecken und 2 EL Brösel und Petersilie untermengen. Aus der Masse Laibchen formen, in den restlichen Bröseln wenden und beidseitig in einer Pfanne mit Öl herausbraten. Die Fischlaibchen mit dem Bärlauchpüree servieren.

Energie	Eiweiß	Fett	Kohlenhydrate	Broteinheiten	Lipaseeinheiten
734 kcal	41 g	26 g	82 g	7 BE	52.000 I.E.

Tipp: Als Alternative zum Lachs eignet sich auch heimischer Fisch.

SÜSSE HAUPTSPEISEN

Hinweis: Falls Sie insulinpflichtig sind, sind diese Gerichte für Sie weniger gut als Hauptspeisen geeignet. Sie müssen nicht darauf verzichten, es ist aber sinnvoll, die Portionsgrößen zu reduzieren – dann passen sie ab und zu als Dessert.

OBSTKNÖDEL

Zutaten für 2 Portionen:

- 250 g ausgedrückter Topfen/Quark (20 % Fett)
- 70 g weiche Butter
- 1 Ei
- 130 g glattes Mehl
- 6 Stück Obst (z. B. Marillen/Aprikosen oder Zwetschken)
- 70 g Vollkornbrösel/Vollkorn-Paniermehl
- 70 g geriebene Haselnüsse
- 2 EL Butter
- 1 EL Zimtzucker, 1 EL Vanillezucker oder 1 EL Staubzucker/Puderzucker
- 1 Prise Salz

Zubereitung:

Butter und Ei verrühren. Dann Topfen, Mehl, Salz, Vanillezucker und Staubzucker dazugeben und alles zu einem festen Teig kneten. Den Teig in 6 gleich große Stücke teilen und diese flach drücken. Jedes Stück Obst mit Teig umwickeln und dabei darauf achten, dass es komplett umschlossen ist. Salzwasser in einem Topf zum Kochen bringen, die Knödel im schwach siedenden Wasser so lange kochen, bis sie an der Oberfläche schwimmen. In der Zwischenzeit die Vollkornbrösel und Nüsse mit der Butter in einer Pfanne kurz anrösten. Die Obstknödel in den Bröseln wälzen und mit Zimtzucker bestreuen.

Energie	Eiweiß	Fett	Kohlenhydrate	Broteinheiten	Lipaseeinheiten
1.210 kcal	38 g	70 g	106 g	9 BE	140.000 I. E.

Tipps:

- Variieren Sie bei der Füllung – je nach saisonal und regional verfügbarem Obst und Verträglichkeit.
- 3 Obstknödel entsprechen einem Hauptgericht; 1 Knödel ist auch eine köstliche Zwischenmahlzeit!
- Machen Sie die doppelte Menge! Die nicht benötigten Knödel können nach dem Formen auf einem kleinen Blech einzeln aufgelegt, tiefgekühlt und am nächsten Tag zusammen in einen Tiefkühlbeutel gefüllt werden. So sind sie einzeln entnehmbar und können bei Bedarf direkt in kochendes Wasser gelegt werden. Die Kochzeit verlängert sich dann um ca. 3 Minuten.

TOPFEN-MARILLEN-STRUDEL MIT VANILLESAUCE

Zutaten für 1 Strudel (ca. 4 Portionen):

- 250 glattes Mehl
- 125 ml lauwarmes Wasser
- 2 EL Rapsöl, 1 EL Öl zum Bestreichen
- 1 Prise Salz

Für die Füllung:

- 2 Eier
- 50 g Butter
- 250 g Topfen/Quark (20 % Fett)
- 65 ml Sauerrahm/saure Sahne
- 20 g Zucker
- 50 g Rosinen
- 4 Marillen/Aprikosen
- geriebene Schale von 1 Zitrone (unbehandelt)
- 1 EL zerlassene Butter

Für die Vanillesauce:

- 250 ml Milch
- 10 g Vanillepuddingpulver
- 1 EL Zucker

Zubereitung:

Mehl, Wasser, 2 EL Öl und Salz in der Küchenmaschine zu einem glatten Teig verkneten, mit Öl bestreichen und ½ Stunde rasten lassen. Eier trennen, Eiweiß steif schlagen. Butter schaumig rühren, dann Topfen, Sauerrahm, Zucker, Dotter, Rosinen und Zitronenschale einrühren. Anschließend vorsichtig den Eischnee unterheben. Den Strudelteig auf einem Strudeltuch hauchdünn ausziehen, mit der zerlassenen Butter bestreichen und die Fülle auf ⅔ des Teiges verteilen. Die Marillen klein schneiden und auf der Topfenmasse verteilen. Den Strudelteig an den Rändern einschlagen, mithilfe des Strudeltuchs vorsichtig einrollen und in eine befettete Auflaufform geben. Auf der Oberseite mit etwas Butter bestreichen und im vorgeheizten Backofen bei 180 °C Ober-/Unterhitze etwa 45 Minuten backen. In der Zwischenzeit 3 EL kalte Milch mit dem Puddingpulver verrühren. Die restliche Milch mit dem Zucker aufkochen, dann das Puddinggemisch einrühren, noch einmal aufkochen lassen und unter ständigem Rühren bei niedriger Hitze kurz köcheln lassen. Den Strudel mit Vanillesauce servieren.

Energie	Eiweiß	Fett	Kohlenhydrate	Broteinheiten	Lipaseeinheiten
723 kcal	25 g	33 g	80 g	7 BE	66.000 I. E.

Tipps:

- Variieren Sie beim Obst – auch Erdbeeren, Heidelbeeren/Blaubeeren, Äpfel oder Birnen machen sich gut im Strudel!
- Das Gericht gelingt auch gut mit fertigem Strudelteig.
- Wenn Sie herkömmliche Milchprodukte schlecht vertragen, verwenden Sie die laktosefreien Varianten!

NUSSNUDELN MIT ZIMTCREME

Zutaten für 2 Portionen:

- 125 g Topfen/Quark (20 % Fett)
- 1 Ei
- 50 g Dinkelgrieß
- 40 g glattes Mehl
- 40 g Butter
- 40 g geriebene Haselnüsse
- 15 g Staubzucker/Puderzucker
- 1 Pkg. Vanillezucker
- Schale von ½ Zitrone (unbehandelt)
- 1 Prise Salz

Für die Zimtcreme:

- 125 ml Schlagobers/Sahne
- 1 EL Staubzucker/Puderzucker
- ¼ TL Zimt

Zubereitung:

Topfen, 1 TL Butter, Vanillezucker, Zitronenschale, Ei und Salz glattrühren. Dann Grieß und Mehl untermischen und für etwa 20 Minuten kaltstellen. Einen großen Topf mit Salzwasser aufkochen. Den Teig auf einer bemehlten Arbeitsfläche zu einer daumendicken Rolle formen und in etwa 2 cm lange Stücke schneiden. Jedes Stück mit bemehlten Händen zu einer Nudel rollen. Nudeln in das schwach kochende Wasser geben und bei niedriger Hitze ziehen lassen, bis sie an der Oberfläche schwimmen.

In der Zwischenzeit die restliche Butter in einer Pfanne erhitzen, Nüsse dazugeben und leicht anrösten. Dann den Staubzucker darüber sieben und die abgetropften Nudeln darin schwenken. Für die Zimtcreme Schlagobers schlagen, Staubzucker und Zimt einrühren. Die Mischung zu den Nussnudeln servieren.

Energie	Eiweiß	Fett	Kohlenhydrate	Broteinheiten	Lipaseeinheiten
821 kcal	21 g	57 g	58 g	5 BE	114.000 I. E.

Tipps:

- Für die Zimtcreme eignet sich anstelle von Schlagobers auch Sauerrahm gut! Der Fettgehalt ist dann etwas niedriger.
- Wenn Sie herkömmliche Milchprodukte schlecht vertragen, verwenden Sie die laktosefreien Varianten!

SCHEITERHAUFEN MIT ERDBEER-RHABARBER-KOMPOTT

Zutaten für 2 Portionen:

- 140 g altbackene Brioche (ersatzweise Weißbrot)
- 2 kleine Äpfel
- 350 ml Milch
- 60 g Zucker
- 250 g Topfen/Quark (20 % Fett)
- 2 Eier
- 20 g Rosinen
- geriebene Schale von ½ Zitrone (unbehandelt)
- 1 TL Rapsöl für die Auflaufform
- ½ TL Zimt
- je 100 g Erdbeeren und Rhabarber
- 1 TL Honig
- Vanillepulver
- 1 Prise Salz

Zubereitung:

Brioche in etwa 1 cm dicke Scheiben schneiden. Äpfel schälen, entkernen, in Scheiben schneiden und mit Zimt bestreuen. Die Milch mit 1 Ei, der Hälfte des Zuckers und Salz vermengen, über die Brioche gießen und etwa 15 Minuten einweichen lassen. Dann den Topfen, 1 Ei, den restlichen Zucker und die Zitronenschale verrühren und die Rosinen dazugeben. In eine befettete Auflaufform abwechselnd Briochestücke, Apfelscheiben und Topfencreme schichten, dabei mit den Briochestücken abschließen. Die verbleibende Eiermilch darüber gießen und die Mischung 20 Minuten rasten lassen. Scheiterhaufen im vorgeheizten Ofen bei 160 °C etwa 45 Minuten backen. Nach etwa der Hälfte der Backzeit mit Alufolie abdecken und nach der Backzeit auskühlen lassen.

Für das Kompott Rhabarber schälen und mit den Erdbeeren klein schneiden. Rhabarber mit Honig, etwas Vanillepulver und wenig Wasser in einem Topf langsam erwärmen und bei schwacher Hitze köcheln lassen. Erdbeeren dazugeben, einkochen lassen und gelegentlich umrühren, bis die gewünschte Konsistenz erreicht ist. Scheiterhaufen mit Kompott servieren.

Energie	Eiweiß	Fett	Kohlenhydrate	Broteinheiten	Lipaseeinheiten
858 kcal	35 g	26 g	118 g	10 BE	52.000 I. E.

Tipps:

- Statt Erdbeeren und Rhabarber können auch andere Obstsorten verwendet werden. Orientieren Sie sich dabei an der Verträglichkeit sowie an saisonaler und regionaler Verfügbarkeit!
- Für die schnelle Küche eignet sich auch ein fertiges Kompott oder Mus.
- Wenn Sie herkömmliche Milchprodukte schlecht vertragen, verwenden Sie die laktosefreien Varianten!

KAISERSCHMARREN MIT APFELMUS

Zutaten für 2 Portionen:

- 2 Eier
- 40 g Zucker
- 140 g Mehl
- 50 ml Schlagobers/Sahne
- 30 ml Mineralwasser
- 100 g Topfen/Quark (20 % Fett)
- 1 EL Rosinen
- 2 EL Rapsöl
- 2 EL Staubzucker/Puderzucker zum Bestreuen
- ½ TL geriebene Zitronenschale (unbehandelt)
- 1 Prise Salz

Für das Apfelmus:

- 2 mittelgroße Äpfel
- 1 EL gehackte Walnusskerne
- 1 EL Kristallzucker
- 1 TL Zitronensaft
- ½ Stange Zimt

Zubereitung:

Eier trennen, Eiweiß steif schlagen. Dotter mit Zucker, Zitronenschale und Salz schaumig schlagen und abwechselnd Mehl, Schlagobers und Mineralwasser unterrühren. Dann den Topfen einrühren, alles gut vermischen und den Eischnee und die Rosinen vorsichtig unterheben. Den Teig in einer Pfanne mit Öl bei mittlerer Hitze für etwa 5 Minuten goldbraun backen. Mit einem Pfannenwender vierteln, wenden und auf dieser Seite ebenfalls goldbraun backen. Anschließend mit dem Pfannenwender in mundgerechte Stücke reißen.

Für das Apfelmus die Äpfel schälen, entkernen und klein schneiden. Dann mit etwas Wasser und der Zimtstange weich dünsten (evtl. überschüssige Flüssigkeit abgießen). Die Zimtstange entfernen, die Apfelmasse mixen und Kristallzucker und Zitronensaft einrühren. Den Kaiserschmarren mit Staubzucker bestäuben und mit Walnüssen bestreuen, dazu das Apfelmus servieren.

Energie	Eiweiß	Fett	Kohlenhydrate	Broteinheiten	Lipaseeinheiten
839 kcal	24 g	29 g	119 g	10 BE	58.000 I.E.

Tipp: Für die schnelle Küche eignet sich auch ein fertiges Kompott oder Mus.

HIRSE-TOPFEN-AUFLAUF

Zutaten für 2 Portionen:

- 250 ml Milch
- 125 g Vollkorn-Hirse
- 250 g Topfen/Quark (20 % Fett)
- 6 EL grobe Vollkorn-Haferflocken
- 2 Eier
- 2 mittelgroße Äpfel
- 3 EL gehobelte Mandeln
- 2 EL Vanillezucker
- 2 EL Honig
- 1 EL Rapsöl, 1 TL Öl für die Auflaufform
- 1 TL Zitronensaft
- 1 TL Zucker
- ½ TL Zimt
- geriebene Schale von 1 Zitrone (unbehandelt)

Zubereitung:

Milch aufkochen, gewaschene Hirse einrühren und so lange köcheln lassen, bis die Milch aufgesogen ist. Topf von der Herdplatte ziehen, nachquellen und auskühlen lassen. Hirse auflockern, Topfen, Haferflocken, Eier, Öl, Vanillezucker, Honig und Zitronenschale hinzugeben und gut verrühren. Die Hälfte der Masse in eine mit Öl befettete Auflaufform geben. Äpfel klein schneiden, mit Zimt, Zitronensaft und Zucker mischen und auf die Hirsemasse geben. Die restliche Hirsemasse darauf verteilen. Zum Schluss mit den Mandeln bestreuen. Im vorgeheizten Backofen bei 160 °C Heißluft etwa 45 Minuten backen, bei Bedarf mit Folie abdecken.

Energie	Eiweiß	Fett	Kohlenhydrate	Broteinheiten	Lipaseeinheiten
979 kcal	41 g	35 g	122 g	10 BE	70.000 I.E.

Tipps:

- Wenn Sie herkömmliche Milchprodukte nicht gut vertragen, verwenden Sie laktosefreie Milch und laktosefreien Topfen!
- Anstelle der Äpfel eignen sich auch andere Obstsorten gut (z. B. Erdbeeren). Achten Sie bei der Auswahl auf Verträglichkeit sowie auf saisonale und regionale Verfügbarkeit.

ÜBERBACKENE MOHN-TOPFEN-HEIDELBEER-PALATSCHINKEN

Zutaten für 2 Portionen:

- 125 ml Milch
- 60 g Vollkornmehl
- 1 EL Mohn
- 1 Ei
- 1 EL Öl
- 1 Spritzer Mineralwasser
- 1 Prise Salz

Für die Füllung:

- 20 g Butter
- 10 g Staubzucker/Puderzucker
- 2 Eier
- 90 g Topfen/Quark (20 % Fett)
- 20 ml Sauerrahm/saure Sahne
- 100 g Heidelbeeren/Blaubeeren
- 20 g Rosinen
- 20 g Zucker
- ½ Pkg. Vanillezucker
- ½ TL geriebene Zitronenschale (unbehandelt)
- 1 Prise Salz

Für die Royale:

- 40 ml Milch
- 40 ml Schlagobers/Sahne
- 1 kleines Ei + 1 Dotter
- ½ Pkg. Vanillezucker

Außerdem:

- 3 EL Mandelblättchen
- 1 TL Öl für die Form
- 5 frische Minzblätter

Zubereitung:

Für den Teig Milch, Mehl, Mohn, Ei, Salz und Mineralwasser verrühren und die Palatschinken in einer Pfanne mit Öl herausbacken. Für die Füllung Eier trennen. Butter und Staubzucker schaumig rühren, die Dotter nach und nach einrühren. Topfen, Sauerrahm, Vanillezucker, Zitronenschale und Salz dazugeben. Eiweiß mit dem Zucker steif schlagen und gemeinsam mit gut der Hälfte der Heidelbeeren und den Rosinen unter die Topfenmasse heben.

Für die Royale Milch, Schlagobers, Ei, Dotter und Vanillezucker verrühren.

Die Palatschinken mit der Topfenmasse füllen, zusammenrollen, schräg dritteln und aufrecht in eine befettete Auflaufform schlichten. Anschließend im vorgeheizten Backofen bei 160 °C Ober-/Unterhitze 10 Minuten backen. Dann mit der Eiermilch übergießen, mit Mandelblättchen bestreuen und für weitere 15 Minuten backen. Vor dem Servieren mit den restlichen Heidelbeeren und Minzblättern garnieren.

Energie	Eiweiß	Fett	Kohlenhydrate	Broteinheiten	Lipaseeinheiten
848 kcal	33 g	54 g	57 g	5 BE	108.000 I.E.

Tipp: Wenn Sie herkömmliche Milchprodukte schlecht vertragen, verwenden Sie die laktosefreien Varianten!

KIRSCHENMICHL MIT VANILLESAUCE

Zutaten für 2 Portionen:

- 2 Stück altbackenes Weißgebäck
- 150 ml Milch
- 1 Ei
- 1 EL weiche Butter, 1 TL Butter zum Einfetten
- 20 g Zucker
- ½ Pkg. Vanillezucker
- 200 g Sauerkirschen/Weichseln (aus dem Glas, abgetropft)
- 100 g Topfen/Quark (20 % Fett)
- 1 TL Backpulver

Für die Vanillesauce:

- 250 ml Milch
- 10 g Vanillepuddingpulver
- 1 EL Zucker

Zubereitung:

Das Gebäck in 1 cm große Würfel schneiden, in eine Schüssel geben und mit warmer Milch übergießen. Das Ei trennen und das Eiweiß zu Schnee schlagen. Butter, Zucker, Vanillezucker und Backpulver cremig rühren, dann das Eigelb einrühren. Die eingeweichten Gebäckwürfel, Kirschen, Topfen und Schnee unterheben. Die Masse in eine eingefettete Auflaufform füllen und im vorgeheizten Backofen auf 180 °C Ober-/Unterhitze etwa 30 Minuten lang backen.

Für die Vanillesauce 3 EL kalte Milch mit dem Puddingpulver glattrühren. Die restliche Milch mit dem Zucker aufkochen, dann das Puddinggemisch einrühren, noch einmal aufkochen lassen und unter ständigem Rühren bei niedriger Hitze kurz köcheln lassen. Kirschenmichl mit Vanillesauce servieren.

Energie	Eiweiß	Fett	Kohlenhydrate	Broteinheiten	Lipaseeinheiten
700 kcal	24 g	26 g	89 g	7,5 BE	52.000 I. E.

Tipp: Wenn Sie herkömmliche Milchprodukte nicht gut vertragen, verwenden Sie laktosefreie Milch und laktosefreien Topfen!

QUINOA-OBST-AUFLAUF

Zutaten für 2 Portionen:

- 250 ml Milch
- 100 g Quinoa
- 2 Eier
- 40 g Butter
- 20 g Zucker
- 125 g Topfen/Quark (20 % Fett)
- 1 Banane
- 2 Marillen/Aprikosen
- 30 g Zartbitterschokolade
- 20 g Himbeeren
- 20 g Kokosraspeln
- ½ Pkg. Vanillezucker
- geriebene Schale von ½ Zitrone (unbehandelt)
- 1 TL Öl für die Form
- ½ TL Zimt
- 1 Prise Salz

Zubereitung:

Milch mit Salz aufkochen lassen, Quinoa heiß abschwemmen und in der Milch einkochen. Auf niedriger Hitze 15 Minuten ausdünsten und auskühlen lassen. Eier trennen. Aus Butter, Zucker und Dotter einen Abtrieb bereiten, dann Topfen, Vanillezucker, Zimt und Zitronenschale einrühren. Banane in Scheiben und Marillen würfelig schneiden, Schokolade hacken und Eiweiß steif schlagen. Himbeeren, Bananen, Marillen und Eischnee unter die Quinoa-Masse heben und in eine befettete Auflaufform füllen. Im vorgeheizten Backofen bei 160 °C Heißluft etwa 50 Minuten backen und anschließend mit der Schokolade und den Kokosraspeln bestreuen.

Energie	Eiweiß	Fett	Kohlenhydrate	Broteinheiten	Lipaseeinheiten
830 kcal	28 g	46 g	75 g	6 BE	92.000 I. E.

Tipp: Wenn Sie herkömmliche Milchprodukte nicht gut vertragen, verwenden Sie laktosefreie Milch und laktosefreien Topfen!

SCHOKOLADE-MILCHREIS MIT BIRNEN UND HASELNÜSSEN

Zutaten für 2 Portionen:

- 2 EL Butter
- 160 g Arborio-Reis
- 350 ml Milch
- 200 ml Schlagobers/Sahne
- 30 g Kristallzucker
- 40 g Backkakao
- 1 Vanilleschote
- 1 Msp. Salz
- 2 Birnen
- 4 EL Haselnüsse (gehackt)

Zubereitung:

Butter in einem Topf schmelzen und den Reis darin bei mittlerer Hitze etwa 2 Minuten glasig anschwitzen, dabei immer wieder umrühren. Dann mit Milch und Schlagobers aufgießen, das Vanillemark aus der Schote kratzen und gemeinsam mit Salz, Zucker und Kakao unterrühren. Unter ständigem Rühren bei mittlerer Hitze etwa 30 Minuten lang kochen. Birnen klein schneiden und mit etwas Wasser in einem Topf etwa 5 Minuten weich dünsten. Milchreis mit Haselnüssen und Birnen anrichten.

Energie	Eiweiß	Fett	Kohlenhydrate	Broteinheiten	Lipaseeinheiten
1071 kcal	20 g	63 g	108 g	9 BE	126.000 I. E.

Tipps:
- Wenn Sie herkömmliche Milchprodukte nicht gut vertragen, nehmen Sie laktosefreie Milch und laktosefreies Schlagobers!
- Anstelle der Birnen kann auch anderes Obst verwendet werden. Orientieren Sie sich bei der Auswahl an der Verträglichkeit sowie an saisonaler und regionaler Verfügbarkeit!

BEERENGRATIN

Zutaten für 2 Portionen:

- 250 g Topfen/Quark (20 % Fett)
- 30 g Staubzucker/Puderzucker
- 12 g Maisstäke
- 1 Ei + 3 Eiweiß
- 125 g Beeren der Saison (frisch oder tiefgekühlt)
- ½ Pkg. Vanillezucker
- 2 EL geriebene Haselnüsse
- ½ TL Öl
- 1 Spritzer Zitronensaft

Zubereitung:

Für die Masse Topfen, 20 g Staubzucker, Vanillezucker, Maisstärke, 1 Ei und Zitronensaft verrühren. Eiweiß steif schlagen, den restlichen Staubzucker einrühren und vorsichtig unter die Topfenmasse heben. Eine Auflaufform einfetten, die Masse einfüllen und mit den Beeren und Nüssen bestreuen. Im vorgeheizten Backofen bei 160 °C Heißluft etwa 30 Minuten backen.

Energie	Eiweiß	Fett	Kohlenhydrate	Broteinheiten	Lipaseeinheiten
359 kcal	26 g	13 g	35 g	3 BE	26.000 I. E.

Tipps:
- Wenn Sie herkömmliche Milchprodukte nicht gut vertragen, verwenden Sie laktosefreien Topfen!
- Das Gratin schmeckt auch gut mit Äpfeln oder Birnen: Dazu das Obst eventuell schälen und in feine Stifte schneiden. Anstelle der Haselnüsse passen dann gehackte Walnüsse sehr gut.

BUCHTELN MIT VANILLESAUCE

Zutaten für 2 Portionen:

- 225 g Dinkelmehl, 2 EL Mehl zum Kneten
- 25 g Staubzucker/ Puderzucker
- ½ Pkg. Vanillezucker
- 2 EL zerlassene Butter, 1 TL Butter zum Befetten der Form, 1 TL zerlassene Butter zum Bestreichen
- ½ Pkg. Trockengerm/ Trockenhefe
- 125 ml Milch
- 100 g Powidl/ Pflaumenkonfitüre
- 1 Prise Salz

Für die Vanillesauce:

- 250 ml Milch
- 10 g Vanillepuddingpulver
- 1 EL Zucker

Zubereitung:

Mehl mit Staubzucker, Vanillezucker, Butter, Salz, Germ und Milch verkneten und an einem warmen Ort gehen lassen, bis sich der Teig verdoppelt hat. Den Teig auf einer bemehlten Arbeitsfläche zu einem langen Strang formen, in gleich große Stücke schneiden und flach drücken. Bei jedem Stück etwas Marmelade in die Mitte geben, zu Kugeln rollen und in eine befettete Auflaufform schlichten. Mit zerlassener Butter bestreichen, mit einem Geschirrtuch abdecken und weitere 20 Minuten gehen lassen. Dann im vorgeheizten Backofen bei 180 °C Ober-/Unterhitze etwa 25 Minuten hellbraun backen.

Für die Vanillesauce 3 EL kalte Milch mit dem Puddingpulver verrühren. Die restliche Milch mit dem Zucker aufkochen, das Puddinggemisch einrühren, noch einmal aufkochen lassen und unter ständigem Rühren bei niedriger Hitze kurz köcheln lassen. Die Buchteln mit Vanillesauce servieren.

Energie	Eiweiß	Fett	Kohlenhydrate	Broteinheiten	Lipaseeinheiten
922 kcal	22 g	25 g	150 g	12,5 BE	50.000 I. E.

Tipps:

- Wenn Sie herkömmliche Milchprodukte nicht gut vertragen, verwenden Sie laktosefreie Milch oder eine pflanzliche Alternative (z. B. Hafer- oder Mandeldrink)!
- Frischer Germteig kann Blähungen verursachen. Lassen Sie die Buchteln besser über Nacht stehen und genießen Sie sie erst dann!
- Fertige Buchteln lassen sich gut einfrieren: Wickeln Sie die ausgekühlten Buchteln einzeln in Butterpapier, Backpapier oder Frischhaltefolie und legen Sie sie in den Tiefkühler. Bei Bedarf lassen Sie eine Buchtel auftauen. Wenn Sie sie warm mögen, backen Sie die Buchtel kurz auf oder wärmen Sie sie auf niedriger Stufe in der Mikrowelle.

KALTE GERICHTE

SCHAFSKÄSETERRINE AUF BLATTSALAT

Zutaten für 2 Portionen:

250 g Schafsfrischkäse
60 ml Joghurt
1 kleine Knoblauchzehe
3 Blatt Gelatine
60 ml Schlagobers/Sahne
150 g Blattsalat
4 Radieschen
4 Scheiben Schwarzbrot
½ Bund Schnittlauch
4 EL Kresse
3 EL Essig
2 EL Olivenöl
2 EL Kürbiskerne (grob gehackt)
1 TL Honig
1 TL Senf
Basilikum (frisch)
Salz, Pfeffer

Zubereitung:

Schafsfrischkäse, Joghurt, gepresste Knoblauchzehe, Basilikum, Salz und Pfeffer mit einem Mixer glattrühren. Gelatine in kaltem Wasser einweichen, ausdrücken, erwärmen und unter die Käsemasse rühren. Schlagobers steif schlagen und unterheben. Eine Kastenform mit Frischhaltefolie auslegen, die Masse einfüllen, mit Folie abdecken und für etwa 6 bis 8 Stunden kühlen.

Salat waschen und in mundgerechte Stücke teilen, Radieschen blättrig schneiden. Schnittlauch fein schneiden und mit Olivenöl, Essig, Honig, Senf und etwas Wasser zu einem Dressing verrühren.

Nach der Kühlzeit Terrine stürzen und in Scheiben schneiden. Salat mit dem Gemüse vermischen, das Dressing darüber gießen, die Terrine daraufsetzen und mit Kresse und Kürbiskernen garnieren. Mit Schwarzbrot servieren.

Energie	Eiweiß	Fett	Kohlenhydrate	Broteinheiten	Lipaseeinheiten
791 kcal	33 g	48 g	56 g	4,5 BE	96.000 I. E.

Tipp: Frisches Brot kann Blähungen verursachen. Wenn Sie empfindlich sind, wählen Sie Schwarzbrot vom Vortag!

QUINOA-SALAT MIT ROTEN RÜBEN

Zutaten für 2 Portionen:

- 100 g Quinoa
- 1 Karotte
- 1 Apfel
- 2–3 kleine Rote Rüben/ Rote Beten (gekocht)
- 100 g Feta
- 2 EL Apfelessig
- 2 EL Rapsöl
- 2 TL Petersilie (gehackt)
- 2 EL Walnüsse
- 2 EL Brunnenkresse
- 2 EL Sonnenblumenkerne
- 1 TL frischer Kren/ Meerrettich
- 1 TL Honig
- 1 TL Thymian (frisch, gehackt)
- Salz, Pfeffer

Zubereitung:

Quinoa waschen, nach Packungsanweisung kochen und auskühlen lassen. Karotte, Apfel und Rote Rüben klein schneiden und mit Quinoa und Kren vermischen. Für das Dressing Öl, Essig, Honig, Thymian, Salz und Pfeffer vermischen und über den Salat geben. Den Feta darüber bröseln, Walnüsse hacken und gemeinsam mit Brunnenkresse, Petersilie und Sonnenblumenkernen über dem Salat verteilen.

Energie	Eiweiß	Fett	Kohlenhydrate	Broteinheiten	Lipaseeinheiten
676 kcal	23 g	38 g	60 g	5 BE	76.000 I. E.

KALTE BUTTERMILCHSUPPE

Zutaten für 2 Portionen:

- 375 ml Buttermilch
- 75 g Sauerrahm/ saure Sahne
- 2 Eier (hartgekocht)
- 4 Radieschen
- 2 Scheiben Roggenbrot
- ½ Salatgurke
- ½ Bund Schnittlauch
- 2 EL Zitronensaft
- 2 EL Leinöl
- Salz, Pfeffer

Zubereitung:

Gurke eventuell entkernen, grob schneiden, Schnittlauch in Röllchen schneiden. Gurke, Schnittlauch (bis auf 2 TL), Buttermilch und Sauerrahm pürieren. Mit Zitronensaft, Pfeffer und Salz abschmecken und kaltstellen. Radieschen würfeln und Eier halbieren. Suppe mit Radieschen, Eiern, restlichem Schnittlauch und Leinöl garnieren und mit Roggenbrot servieren.

Energie	Eiweiß	Fett	Kohlenhydrate	Broteinheiten	Lipaseeinheiten
431 kcal	18 g	23 g	36 g	3 BE	46.000 I. E.

Tipps:

- Wenn Sie herkömmliche Milchprodukte nicht gut vertragen, verwenden Sie laktosefreie Buttermilch!
- Frisches Brot kann Blähungen verursachen. Wenn Sie empfindlich sind, wählen Sie Brot vom Vortag und achten Sie beim Einkauf auf eher fein vermahlenes Getreide (kein grobes Körnerbrot)!

BUNTER NUDELSALAT

Zutaten für 2 Portionen:

- 140 g Vollkornnudeln (z. B. Hörnchen, Fusilli, Penne)
- 1 Zucchini
- 1 Karotte
- 125 g Emmentaler
- 100 g Schinken
- 4 Radieschen
- 1 Frühlingszwiebel
- ½ Bund Schnittlauch
- 200 g Vogerlsalat/ Feldsalat
- 100 g Sauerrahm/ saure Sahne
- 150 g Joghurt
- 2 EL Kresse
- 1 EL Öl
- 1 EL Balsamico-Essig
- 4 Kirschtomaten
- 2 Eier (hartgekocht)
- Salz, Pfeffer

Zubereitung:

Die Nudeln in Salzwasser al dente kochen, abseihen und abkühlen lassen. Zucchini und Karotte klein schneiden und in etwas Wasser bissfest dünsten. Emmentaler, Schinken, Radieschen würfeln, Frühlingszwiebel in kleine Ringe schneiden, Schnittlauch hacken und alles mit Vogerlsalat vermischen. Für das Dressing Joghurt, Sauerrahm, Öl, Essig, Salz und Pfeffer vermischen und über dem Salat verteilen. Eier und Kirschtomaten halbieren. Nudelsalat mit Eiern, Tomaten und Kresse garnieren.

Energie	Eiweiß	Fett	Kohlenhydrate	Broteinheiten	Lipaseeinheiten
881 kcal	53 g	48 g	58 g	5 BE	96.000 I. E.

PIKANTER RINDFLEISCHSALAT

Zutaten für 2 Portionen:

- 200 g Rindfleisch (gekocht)
- 2 Scheiben Sellerie (gekocht)
- 4 Essiggurken
- 3 Karotten (gekocht)
- 1 Schalotte
- 50 ml Wasser
- 20 ml Apfelessig
- 2 EL Kürbiskernöl
- 1 TL Honig
- 1 TL Senf
- ½ Bund Schnittlauch
- 2 Eier (gekocht)
- Salz, Pfeffer

Zubereitung:

Sellerie, Essiggurken, Karotten und Schalotte in feine Würfel schneiden. Für das Dressing Wasser, Apfelessig, Kürbiskernöl, gehackten Schnittlauch, Honig, Senf, Salz und Pfeffer vermischen. Rindfleisch in dünne Scheiben schneiden und auf Tellern auflegen. Gemüse auf das Rindfleisch geben, mit dem Dressing übergießen und etwas ziehen lassen. Kurz vor dem Servieren die Eier vierteln und auf dem Salat verteilen.

Energie	Eiweiß	Fett	Kohlenhydrate	Broteinheiten	Lipaseeinheiten
442 kcal	25 g	31 g	15 g	1 BE	62.000 I. E.

Tipp: Achten Sie beim Kauf von Fleisch auf die Nachhaltigkeit der Produkte!

WURST-KÄSE-SALAT

Zutaten für 2 Portionen:

- 4 Scheiben Schwarzbrot
- 200 g Schnittkäse (45 % F. i. T.)
- 150 g Krakauer
- 2 Tomaten
- 2 Essiggurken
- 2 Eier (hartgekocht)
- ½ Bund Radieschen
- ½ Bund Schnittlauch
- 3 EL Essig
- 2 EL Kresse
- 2 EL Kürbiskernöl
- 1 TL Senf
- 1 Prise Zucker, Salz, Pfeffer

Zubereitung:

Schnittkäse, Krakauer, Tomaten und Radieschen würfeln und vermischen. Essiggurken in Scheiben schneiden und zur Mischung geben. Eier vierteln, Schnittlauch fein schneiden. Für das Dressing Essig, Kürbiskernöl, Senf, Zucker, Salz und Pfeffer vermischen und über dem Salat verteilen. Mit Schnittlauch, Kresse und Eiern garnieren und mit dem Brot servieren.

Energie	Eiweiß	Fett	Kohlenhydrate	Broteinheiten	Lipaseeinheiten
776 kcal	47 g	45 g	45 g	4 BE	90.000 I. E.

Tipps:

- Frisches Brot kann Blähungen verursachen. Wenn Sie empfindlich sind, wählen Sie Schwarzbrot vom Vortag!
- Achten Sie beim Kauf von Fleischwaren auf die Nachhaltigkeit der Produkte!
- Für eine fleischlose Variante können Sie die Wurst durch Käse ersetzen.

ITALIENISCHER NUDELSALAT

Zutaten für 2 Portionen:

- 120 g Vollkornnudeln
- 75 g passierte Tomaten
- 2 getrocknete Tomaten (in Öl, abgetropft)
- 1 kleine Kugel Mozzarella
- 6 Cocktailtomaten
- einige Oliven
- ½ Handvoll Rucola
- je ½ Bund Petersilie und Basilikum (frisch)
- 2 EL Pinienkerne
- 2 EL Balsamico-Essig
- 2 EL Olivenöl
- 1 TL Balsamico-Crème
- ½ TL Zucker
- Salz, Pfeffer

Zubereitung:

Nudeln nach Packungsanweisung al dente kochen und mit kaltem Wasser abschwemmen. Passierte Tomaten, Essig, Öl, Zucker, Salz und Pfeffer verrühren und abschmecken. Die Pinienkerne ohne Öl in einer Pfanne goldbraun rösten. Die getrockneten Tomaten und den Mozzarella klein schneiden, Cocktailtomaten und Oliven halbieren, Petersilie und Basilikum klein hacken. Die Nudeln mit Rucola, Gemüse, Pinienkernen, Kräutern, Dressing und Balsamico-Crème vermischen und vor dem Servieren gekühlt ziehen lassen.

Energie	Eiweiß	Fett	Kohlenhydrate	Broteinheiten	Lipaseeinheiten
714 kcal	27 g	41 g	52 g	4 BE	82.000 I. E.

FORELLENSALAT MIT KARTOFFELN

Zutaten für 2 Portionen:

- 2 große festkochende Kartoffeln
- 200 g geräucherte Forelle
- 160 g Blattsalat
- 2 Tomaten
- 1 kleine rote Zwiebel
- einige schwarze Oliven
- 2 Eier (hartgekocht)
- 3 EL Olivenöl
- 2 EL Essig
- 2 EL frisch gehackte Kräuter (z. B. Petersilie, Schnittlauch, Kresse)
- 1 EL Senf
- Salz, Pfeffer

Zubereitung:

Kartoffeln dämpfen, schälen, auskühlen lassen und würfeln. Blattsalate und Tomaten waschen und klein schneiden. Zwiebel in dünne Scheiben schneiden und Eier vierteln. Für das Dressing Senf, Essig, Kräuter, Olivenöl, Pfeffer und Salz verrühren. Blattsalat, Tomaten, Zwiebel, Oliven, Kartoffeln und Forelle vermengen. Dressing über dem Salat verteilen und mit Eierspalten belegen.

Energie	Eiweiß	Fett	Kohlenhydrate	Broteinheiten	Lipaseeinheiten
473 kcal	33 g	27 g	24 g	2 BE	54.000 I. E.

Tipp: Achten Sie beim Kauf von Fisch auf nachhaltige Zucht- und Fangmethoden!

RINDFLEISCHASPIK MIT LIEBSTÖCKELRAHM

Zutaten für 2 Portionen:

- 150 g mageres Rindfleisch (gekocht)
- 1 Karotte (gekocht)
- 1 gelbe Rübe (gekocht)
- ½ Sellerieknolle (gekocht)
- ½ kleine rote Zwiebel oder 1 Schalotte
- 2 ½ Blätter Gelatine
- 250 ml Rindsuppe/Rinderbrühe
- 2 Scheiben Schwarzbrot
- 80 g Sauerrahm/saure Sahne
- 2 EL Kürbiskernöl
- 1 TL frischer Liebstöckel (gehackt)
- je 1 EL Petersilie und Schnittlauch (frisch, gehackt)
- 1 Spritzer Essig
- Salz, Pfeffer

Zubereitung:

Rindfleisch, Karotte, gelbe Rübe, Sellerie und Zwiebel würfeln, mit Petersilie vermengen und mit Essig, Salz und Pfeffer abschmecken. Den Salat in zwei Gläser füllen. Gelatine in kaltem Wasser einweichen und in der heißen Rindsuppe auflösen. Die Suppe über die Rindfleisch-Gemüse-Mischung in den Gläsern geben und kühl stellen. Für den Liebstöckelrahm Liebstöckel mit Sauerrahm, Salz und Pfeffer glattrühren. Das Rindfleischaspik aus dem Kühlschrank nehmen, mit dem Rahm beträufeln, mit Schnittlauch und Kürbiskernöl garnieren und mit Schwarzbrot servieren.

Energie	Eiweiß	Fett	Kohlenhydrate	Broteinheiten	Lipaseeinheiten
747 kcal	38 g	40 g	58 g	5 BE	80.000 I. E.

Tipps:

- Frisches Brot kann Blähungen verursachen. Wenn Sie empfindlich sind, wählen Sie Schwarzbrot vom Vortag!
- Achten Sie beim Kauf von Fleisch auf die Nachhaltigkeit der Produkte!
- Für ein Gemüseaspik ersetzen Sie das Rindfleisch durch Gemüse. Bevorzugen Sie dabei Wurzel- und Knollengemüse – diese Sorten sind gut verträglich. Anstelle der Rindsuppe können Sie Gemüsesuppe verwenden.

BURRATA MIT TOMATEN

Zutaten für 2 Portionen:

- 5 mittelgroße Tomaten
- 1 Handvoll Rucola
- 2 Stück Burrata
- ½ rote Zwiebel
- 10 frische Basilikumblätter
- 3 EL Rotweinessig
- 2 EL Olivenöl
- 2 EL Walnüsse (gehackt)
- 2 TL Balsamico Glace
- ½ TL brauner Zucker
- Salz, Pfeffer

Zubereitung:
Die Walnüsse ohne Öl in einer Pfanne goldbraun rösten. Für das Dressing Olivenöl, Rotweinessig, gehackte Zwiebel, Zucker, Salz und Pfeffer verrühren. Tomaten klein schneiden. Rucola, Tomaten und Dressing vermischen, Burrata und Basilikumblätter darauf verteilen, mit Walnusskernen und Balsamico Glace toppen.

Energie	Eiweiß	Fett	Kohlenhydrate	Broteinheiten	Lipaseeinheiten
491 kcal	19 g	40 g	12 g	1 BE	80.000 I. E.

BERGKÄSE-APFEL-SALAT

Zutaten für 2 Portionen:

- 100 g Bergkäse oder Emmentaler
- 50 g rote Trauben
- 1 Apfel
- 2 Maroni/Esskastanien (gegart)
- 1 Handvoll Rucola
- 100 g Joghurt (3,6 % Fett)
- 1 EL Sauerrahm/saure Sahne
- 2 EL Walnüsse (gehackt)
- 1 EL Kürbiskerne (grob gehackt)
- 1 EL Zitronensaft
- 1 TL Senf
- 1 TL frische Petersilie (gehackt)
- 1 TL Honig
- Salz, Pfeffer
- 2 Scheiben Schwarzbrot

Zubereitung:
Käse würfeln, Trauben halbieren, Apfel und Maroni klein schneiden und mit dem Rucola vermischen. Für das Dressing Joghurt, Sauerrahm, Zitronensaft, Senf, Honig, Petersilie, Salz und Pfeffer vermischen. Dressing über den Salat geben, Walnüsse und Kürbiskerne untermischen. Mit Schwarzbrot servieren.

Energie	Eiweiß	Fett	Kohlenhydrate	Broteinheiten	Lipaseeinheiten
403 kcal	22 g	24 g	24 g	2 BE	48.000 I. E.

Tipp: Frisches Brot kann Blähungen verursachen. Wenn Sie empfindlich sind, wählen Sie Schwarzbrot vom Vortag!

ZARTWEIZEN-SALAT

Zutaten für 2 Portionen:

- 125 g Zartweizen
- Gemüsesuppe/Gemüsebrühe (Menge s. Zartweizen-Packung)
- 100 g Brokkoli
- 2 Karotten
- 2 Radieschen
- 2 große Tomaten
- 100 ml Joghurt
- 2 Eier (hartgekocht)
- ½ Bund Petersilie
- 2 EL Leinöl
- 2 EL Brunnenkresse
- 2 EL Sonnenblumenkerne
- 1 EL Zitronensaft
- 1 EL Honig
- Salz, Pfeffer

Zubereitung:

Zartweizen nach Packungsanleitung in Gemüsesuppe kochen und kalt abschrecken. In der Zwischenzeit Brokkoli bissfest garen, Karotten und Radieschen raspeln, Tomaten schneiden und Petersilie fein hacken. Für das Dressing Joghurt, Leinöl, Zitronensaft, Honig, Salz und Pfeffer mischen. Zartweizen, Gemüse, Petersilie und Dressing vermischen. Eier in Scheiben schneiden und gemeinsam mit der Brunnenkresse und den Sonnenblumenkernen auf dem Salat verteilen.

Energie	Eiweiß	Fett	Kohlenhydrate	Broteinheiten	Lipaseeinheiten
639 kcal	25 g	29 g	65 g	5,5 BE	58.000 I. E.

KLEINE GERICHTE UND ZWISCHENMAHLZEITEN

PIKANTE EI-MUFFINS

Zutaten für 2 Portionen:

- 1 Tomate
- ¼ rote Paprika
- 20 g Feta
- 4 Eier
- ½ Bund Schnittlauch
- Thymian (getrocknet)
- Salz, Pfeffer

Zubereitung:

Tomate, Paprika und Schnittlauch klein schneiden, Feta zerbröseln. Eier aufschlagen und mit Thymian, Salz und Pfeffer würzen. Tomate, Paprika, Schnittlauch und Feta dazugeben, verrühren und die Mischung in Muffinformen füllen. Im vorgeheizten Ofen bei 200 °C Ober-/Unterhitze 10–15 Minuten backen.

Energie	Eiweiß	Fett	Kohlenhydrate	Broteinheiten	Lipaseeinheiten
208 kcal	17 g	14 g	4 g	0 BE	28.000 I. E.

ROGGENBRÖTCHEN MIT EIAUFSTRICH

Zutaten für 2 Portionen:

- 125 g Roggenmehl
- 125 g Topfen/Quark (20 % Fett)
- 1 EL Leinsamen
- ½ Ei
- ½ TL Salz
- ½ Pkg. Backpulver

Für den Aufstrich:

- 125 g Topfen/Quark (20 % Fett)
- 1 EL Sauerrahm/saure Sahne
- 2 Eier (hartgekocht)
- 1 Schalotte
- 1 Essiggurke
- ½ Bund Schnittlauch
- ½ TL Senf
- Salz, Pfeffer

Zubereitung:

Ei mit Topfen aufschlagen. Mehl, Salz und Backpulver vermischen, zum Topfen geben und verkneten. Den Teig zu 4 gleich großen Brötchen formen, mit etwas Wasser bestreichen und mit Leinsamen bestreuen. Die Brötchen auf Backpapier im vorgeheizten Backofen bei 190 °C Ober-/Unterhitze etwa 20 Minuten goldbraun backen.

In der Zwischenzeit für den Eiaufstrich Topfen mit Sauerrahm, Senf, Salz und Pfeffer glattrühren. Eier fein hacken, Schalotte und Essiggurke würfeln, Schnittlauch fein schneiden. Eier, Schalotte, Essiggurke und Schnittlauch mit dem Topfen verrühren.

Energie	Eiweiß	Fett	Kohlenhydrate	Broteinheiten	Lipaseeinheiten
412 kcal	23 g	13 g	49 g	4 BE	26.000 I. E.

Tipps:

- Frisch gebackene Weckerln können Blähungen verursachen. Wenn Sie empfindlich sind, bereiten Sie die Weckerln bereits am Vortag zu! Sie können dann noch kurz aufgebacken werden.
- Alternativ passt auch Grahamweckerl vom Bäcker.

PIZZABRÖTCHEN

Zutaten für 2 Portionen:

- 2 Vollkornweckerl/-brötchen (alternativ Grahamweckerl oder Vollkorntoast)
- 4 Champignons
- 100 g Schinken
- 60 g Käse (z. B. Gouda)
- 1 Schalotte
- 80 g Sauerrahm/saure Sahne
- Basilikum (getrocknet), Oregano (getrocknet)
- Salz, Pfeffer

Zubereitung:

Champignons, Schinken, Käse und Schalotte würfeln. Sauerrahm untermischen, mit Kräutern, Salz und Pfeffer abschmecken und auf die halbierten Brötchen streichen. Im vorgeheizten Ofen bei 180 °C Ober-Unterhitze etwa 10–15 Minuten überbacken.

Energie	Eiweiß	Fett	Kohlenhydrate	Broteinheiten	Lipaseeinheiten
534 kcal	38 g	25 g	38 g	3 BE	50.000 I. E.

Tipp: Für eine fleischlose Alternative lassen Sie den Schinken weg und nehmen Sie stattdessen etwas mehr Champignons und Käse.

GEFÜLLTE SCHINKENRÖLLCHEN

Zutaten für 2 Portionen:

- 125 g Topfen/Quark (20 % Fett)
- 1 EL Gervais
- 100 g Schinken (in Scheiben)
- 2 Scheiben Vollkornbrot
- 1 Ei (gekocht, geviertelt)
- 2 EL Schnittlauch (frisch, gehackt)
- 2 EL Gartenkresse
- 1 EL Kren/Meerrettich
- 1 TL Senf
- 1 Spritzer Zitronensaft
- Salz, Pfeffer

Zubereitung:

Topfen, Schnittlauch, Gervais, Kren, Senf, Zitronensaft, Salz und Pfeffer gut verrühren, auf die Schinkenblätter streichen und diese einrollen. Die Schinkenröllchen mit der Kresse und den Eierspalten garnieren. Dazu Schwarzbrot servieren.

Energie	Eiweiß	Fett	Kohlenhydrate	Broteinheiten	Lipaseeinheiten
312 kcal	26 g	14 g	20 g	1,5 BE	28.000 I. E.

Tipps:

- Achten Sie beim Kauf von Fleischwaren auf die Nachhaltigkeit der Produkte!
- Frisches Brot kann Blähungen verursachen. Wenn Sie empfindlich sind, wählen Sie Brot vom Vortag und achten Sie beim Einkauf auf eher fein vermahlenes Getreide (kein grobes Körnerbrot)!

WRAPS MIT HÜHNERFLEISCH

Zutaten für 2 Portionen:

- 100 g Hühnerbrustfilet
- 1 EL Öl
- 4 Scheiben Gurke
- 2 Salatblätter
- 1 Tomate
- 1 Schalotte
- 60 g Gervais
- 2 Vollkorn-Tortillas
- 2 Scheiben Käse
- 2 EL Mais (aus der Dose)
- Salz, Pfeffer

Zubereitung:

Gemüse und Salat waschen und in kleine Stücke schneiden. Hühnchenfilet klein schneiden, salzen und pfeffern und in einer Pfanne mit Öl braten. In der Zwischenzeit die Tortillas erwärmen, mit Gervais bestreichen, mit Gemüse und Salat, Käse und Fleischstreifen belegen und einrollen.

Energie	Eiweiß	Fett	Kohlenhydrate	Broteinheiten	Lipaseeinheiten
490 kcal	27 g	26 g	34 g	3 BE	52.000 I. E.

Tipp: Achten Sie beim Kauf von Geflügel auf die Nachhaltigkeit der Produkte!

MÜSLIRIEGEL

Zutaten für 8 Stück:

- 50 g Haferflocken
- 40 g gepuffter Quinoa (alternativ Haferflocken oder gepuffter Amaranth)
- 10 g geschrotete Leinsamen
- 25 g Rosinen
- 25 g Walnüsse
- 25 g Kürbiskerne
- 40 g Honig
- 10 g Nussmus
- je 1 Prise Salz, Zimt und Nelken (gemahlen)

Zubereitung:

Haferflocken, Quinoa, Salz, Leinsamen, Zimt und Nelken vermengen. Rosinen, Walnüsse und Kürbiskerne sehr fein hacken und dazugeben. Nussmus, 1 EL Wasser und Honig vermischen, ebenfalls zur Mischung geben und alles vermengen.

In eine mit Backpapier ausgelegte Auflaufform geben, festdrücken und etwa 1 Stunde kühl stellen. Anschließend aus der Form nehmen und in Stücke schneiden.

Energie	Eiweiß	Fett	Kohlenhydrate	Broteinheiten	Lipaseeinheiten
120 kcal	3 g	6 g	14 g	1 BE	12.000 I. E.

HÜTTENKÄSEBROT MIT BIRNE UND WALNUSS

Zutaten für 2 Portionen:

- 2 Scheiben Schwarzbrot
- 100 g Hüttenkäse
- 1 TL Honig
- 1 kleine reife Birne
- 2 EL Walnusskerne (gehackt)
- 1 TL frische Petersilie (gehackt)

Zubereitung:

Brot toasten, Hüttenkäse mit Honig vermischen und Birne in Spalten schneiden. Den Hüttenkäse auf das Brot streichen, mit den Birnenspalten belegen und mit Walnusskernen und Petersilie bestreuen.

Energie	Eiweiß	Fett	Kohlenhydrate	Broteinheiten	Lipaseeinheiten
241 kcal	11 g	7 g	33 g	3 BE	14.000 I. E.

Tipps:
- Frisches Brot kann Blähungen verursachen. Wenn Sie empfindlich sind, nehmen Sie Schwarzbrot vom Vortag.
- Wenn Sie herkömmliche Frischkäsesorten nicht gut vertragen, wählen Sie eine laktosefreie Variante!
- Anstelle der Birne passt auch ein reifer Apfel oder eine reife Feige.

APFELSCHEIBEN MIT ERDNUSSMUS

Zutaten für 2 Portionen:

- 2 Äpfel
- 50 g Nussmus
- 1 EL Walnüsse
- 1 EL Rosinen
- 1 EL Haselnüsse
- 1 EL Schokodrops

Zubereitung:

Äpfel entkernen, in Scheiben schneiden und mit dem Nussmus bestreichen. Die Nüsse hacken und gemeinsam mit den Rosinen und Schokodrops auf den Apfelscheiben verteilen.

Energie	Eiweiß	Fett	Kohlenhydrate	Broteinheiten	Lipaseeinheiten
352 kcal	6 g	23 g	29 g	2,5 BE	46.000 I. E.

SCHOKO-NUSS-MILCH

Zutaten für 2 Portionen:

- 300 ml Vollmilch
- 120 g Schokoladeneis
- 50 g Nussmus
- 1 Banane

Zubereitung:

Alle Zutaten in einen hohen Becher füllen und mit einem Pürierstab mixen. In Gläsern anrichten.

Energie	Eiweiß	Fett	Kohlenhydrate	Broteinheiten	Lipaseeinheiten
416 kcal	12 g	27 g	31 g	2,5 BE	54.000 I. E.

Tipp: Wenn Sie herkömmliche Milch nicht gut vertragen, verwenden Sie laktosefreie Milch oder eine pflanzliche Alternative (z. B. Mandeldrink)!

ERDBEERCREME

Zutaten für 2 Portionen:

- 250 g frische Erdbeeren (oder tiefgekühlt)
- 125 g Topfen/Quark (20 % Fett)
- 50 ml Schlagobers/Sahne
- 1 Spritzer Zitronensaft
- 1 TL Honig

Zubereitung:

100 g Erdbeeren mit Honig und Zitronensaft pürieren und mit Topfen glattrühren. Schlagobers steif schlagen und unterheben. Weitere 100 g Erdbeeren klein schneiden und unter die Masse heben. Die Creme in Dessertgläser füllen und mit den restlichen Erdbeeren garnieren.

Energie	Eiweiß	Fett	Kohlenhydrate	Broteinheiten	Lipaseeinheiten
204 kcal	9 g	12 g	14 g	1 BE	24.000 I. E.

Tipp: Wenn Sie herkömmlichen Topfen nicht gut vertragen, verwenden Sie die laktosefreie Variante!

ORANGEN-KAROTTEN-BUTTERMILCH-SHOT

Zutaten für 2 Portionen:

- 1 Orange
- 50 ml Karottensaft
- 100 ml Buttermilch
- 1 TL Leinöl

Zubereitung:

Die Orange schälen, klein schneiden und mit dem Karottensaft pürieren. Mit Buttermilch und Leinöl vermischen.

Energie	Eiweiß	Fett	Kohlenhydrate	Broteinheiten	Lipaseeinheiten
69 kcal	3 g	2 g	9 g	1 BE	4.000 I. E.

Tipp: Wenn Sie herkömmliche Milchprodukte nicht gut vertragen, wählen Sie eine laktosefreie Variante oder eine pflanzliche Alternative (z. B. Mandel- oder Haferdrink)!

TOPFENCREME MIT FRÜCHTEN

Zutaten für 2 Portionen:

- 90 g Topfen/Quark (20 % Fett)
- 20 g Staubzucker/Puderzucker
- 50 ml Joghurt (3,6 % Fett)
- 90 ml Schlagobers/Sahne
- 150 g Früchte der Saison
- 2 EL Walnüsse
- 1 TL Zitronensaft

Zubereitung:

Topfen mit Staubzucker, Joghurt und Zitronensaft glattrühren. Schlagobers steif schlagen und unter die Topfenmasse mischen. Obst klein schneiden, Walnüsse hacken und ebenfalls unter die Topfencreme mischen.

Energie	Eiweiß	Fett	Kohlenhydrate	Broteinheiten	Lipaseeinheiten
336 kcal	8 g	22 g	26 g	2 BE	44.000 I. E.

Tipp: Wenn Sie herkömmliche Milchprodukte nicht gut vertragen, verwenden Sie die laktosefreien Varianten!

DESSERTS

APFELSCHNECKEN

Zutaten für 2 Portionen:

- 40 g Topfen/Quark (20 % Fett)
- 1 ½ EL Milch
- 1 ½ EL Rapsöl
- 1 EL Zucker
- 1 TL Vanillezucker
- 40 g Dinkelmehl, 35 g Vollkornmehl, etwas Mehl für die Arbeitsfläche
- 1 TL Backpulver
- 1 Prise Salz

Für die Füllung:

- 50 ml Milch
- 1 EL Zucker + 1 TL Zucker für die Äpfel
- 10 g Vanillepuddingpulver
- 50 g Topfen/Quark (20 % Fett)
- 1 Apfel
- 15 g Rosinen
- 1 EL Zitronensaft
- 1 EL gehackte Mandeln
- ½ TL Zimt
- 1 Ei
- 1 EL Schlagobers/Sahne

Zubereitung:

Topfen, Milch, Öl, Zucker, Salz und Vanillezucker verrühren. Backpulver und die beiden Mehlsorten sieben und die Hälfte unter den Teig mischen. Die andere Hälfte in den Teig einkneten und auf einer bemehlten Fläche quadratisch ausrollen.

Für die Füllung Milch, 1 EL Zucker und Puddingpulver zu einem dicken Pudding aufkochen, auskühlen lassen und mit einem Mixer den Topfen einrühren. Apfel schälen, klein schneiden, mit Zitronensaft beträufeln und mit Zimt und 1 TL Zucker bestreuen. Ei trennen. Die Topfenmasse auf dem Teig verteilen, dabei an einer Seite etwas Platz lassen und diesen mit etwas Eiweiß bestreichen. Äpfel, Mandeln und Rosinen auf der Topfenmasse verteilen. Dann den Teig einrollen, wobei die Seite mit Eiweiß außen liegen sollte. Von der Rolle Scheiben abschneiden. Die Schnecken in eine befettete Auflaufform legen und etwa 15 Minuten im vorgeheizten Ofen bei 200 °C Ober-/Unterhitze backen. Eidotter mit Schlagobers vermischen, die Schnecken damit bestreichen und weitere 5 Minuten backen.

Energie	Eiweiß	Fett	Kohlenhydrate	Broteinheiten	Lipaseeinheiten
535 kcal	17 g	19 g	73 g	6 BE	38.000 I.E.

SCHOKOROULADE MIT PREISELBEERFÜLLUNG

Zutaten für 1 Roulade (12 Portionen):

- 150 g Zartbitterschokolade
- 5 Eier (getrennt)
- 60 g Zucker
- 30 g Vollkornmehl
- 20 g Maisstärke
- 1 Prise Zimt, 1 Prise Salz
- 250 g Topfen/Quark (20 % Fett)
- 250 ml Schlagobers/Sahne
- 150 g Preiselbeer-Marmelade/-Konfitüre

Zubereitung:

Schokolade über dem Wasserbad schmelzen. Dotter mit 20 g Zucker schaumig schlagen, die warme Schokolade einrühren. Eiweiß mit Salz zu Schnee schlagen, dabei den restlichen Zucker einrieseln lassen. Mehl, Maisstärke und Zimt versieben und abwechselnd mit dem Schnee unter die Dottermasse heben. Den Teig auf ein mit Backpapier ausgelegtes Backblech streichen und im vorgeheizten Backofen bei 180 °C Ober-/Unterhitze etwa 10 Minuten backen. Dann auf ein Geschirrtuch stürzen, das Backpapier abziehen und das Biskuit mithilfe des Geschirrtuches zu einer lockeren Roulade rollen. Roulade abkühlen lassen, in der Zwischenzeit Schlagobers steif schlagen. Topfen mit Marmelade verrühren und mit dem Schlagobers mischen. Die erkaltete Roulade vorsichtig ausrollen, mit der Preiselbeercreme bestreichen, fest einrollen und vor dem Anschneiden etwa eine Stunde kalt stellen.

Energie	Eiweiß	Fett	Kohlenhydrate	Broteinheiten	Lipaseeinheiten
253 kcal	7 g	15 g	22 g	2 BE	30.000 I.E.

GRIESSFLAMMERI AUF BEERENRAGOUT

Zutaten für 2 Portionen:

- 250 ml Milch
- 1 EL Zucker
- 50 g Dinkelgrieß
- 60 g Topfen/Quark (20 % Fett)
- 50 g frische Erdbeeren (oder tiefgekühlt)
- 50 g frische Heidelbeeren/Blaubeeren (oder tiefgekühlt)
- 50 g frische Brombeeren (oder tiefgekühlt)
- 50 g frische Himbeeren (oder tiefgekühlt)
- Saft von ½ Orange
- 1 EL Honig
- 1 Prise Salz

Zubereitung:

Milch, Zucker und Salz in einem Topf zum Kochen bringen. Den Grieß einrühren, Topf vom Herd nehmen und Grieß etwa 5 Minuten nachquellen lassen. Dann den Topfen einrühren. Die Masse in kalt ausgespülte Dessertgläschen füllen und kühl stellen. In der Zwischenzeit die Erdbeeren klein schneiden, mit den anderen Beeren, Honig und Orangensaft vermischen und kurz erhitzen. Die Grießflammeris aus den Gläschen stürzen und mit dem Beerenragout servieren.

Energie	Eiweiß	Fett	Kohlenhydrate	Broteinheiten	Lipaseeinheiten
302 kcal	12 g	7 g	47 g	4 BE	14.000 I.E.

Tipp: Wenn Sie herkömmliche Milch nicht gut vertragen, verwenden Sie die laktosefreie Variante oder eine pflanzliche Alternative (z. B. Mandel- oder Haferdrink)!

ZWETSCHKENSTREUSELKUCHEN

Zutaten für 1 Blech (ca. 24 Stück):

- 200 g Topfen/Quark (20 % Fett)
- 80 ml Rapsöl
- 80 ml Milch
- 50 g Zucker
- 1 Ei
- je 200 g Dinkelmehl und Dinkel-Vollkornmehl
- 1 Pkg. Backpulver
- 1 EL Vanillezucker

Für den Belag:

- 500 g Topfen/Quark (20 % Fett)
- 20 g Staubzucker/Puderzucker
- 20 g Puddingpulver
- 4 Eier
- 750 g Zwetschken (entkernt)
- ½ Zitrone (unbehandelt)
- 1 Pkg. Vanillezucker

Für die Streusel:

- 125 g Dinkel-Vollkornmehl
- je 75 g gemahlene und gehackte Haselnüsse
- 100 g Zucker
- 1 Msp. Zimt
- 1 Prise Salz
- 100 g kalte Butter
- 2 EL kaltes Wasser

Zubereitung:

Topfen mit Öl, Milch, Zucker, Ei, Vanillezucker, Mehl und Backpulver zu einem Teig kneten, in Folie wickeln und ½ Stunde rasten lassen. Für die Topfenmasse die Zitrone heiß waschen, abtrocknen, die Schale abreiben und den Saft auspressen. Dann den Topfen mit Staubzucker, Zitronensaft, Zitronenschale, Vanillezucker, Puddingpulver und Eiern verrühren. Die Zwetschken vierteln.

Für die Streusel Mehl, Haselnüsse, Zucker, Zimt und Salz vermischen. Kalte Butter in kleinen Stücken und Wasser einarbeiten und die Streuselmasse für mindestens 30 Minuten kalt stellen.

Teig auf einer bemehlten Fläche ausrollen und auf ein mit Backpapier ausgelegtes Backblech legen. Die Topfenmasse und anschließend die Zwetschken darauf verteilen. Zum Schluss die Streusel darüber bröseln und im vorgeheizten Backofen bei 180 °C Ober-/Unterhitze etwa 30 Minuten backen.

Energie	Eiweiß	Fett	Kohlenhydrate	Broteinheiten	Lipaseeinheiten
276 kcal	9 g	13 g	28 g	2 BE	26.000 I. E.

Tipps:

- Wenn Sie herkömmlichen Topfen nicht gut vertragen, nehmen Sie die laktosefreie Variante!
- Der Streuselkuchen gelingt auch mit anderen Obstsorten. Orientieren Sie sich bei der Auswahl an saisonal und regional verfügbaren Sorten (z. B. Ribisel/Rote Johannisbeere, Rhabarber).

TOPFENNOCKEN MIT NUSSBRÖSELN UND MARILLENMUS

Zutaten für 2 Portionen:

- 125 g Topfen/Quark (20 % Fett)
- 60 g Sauerrahm/saure Sahne
- ½ Ei
- 20 g Dinkelgrieß
- 20 g Vollkornbrösel/Vollkorn-Paniermehl
- ½ Pkg. Vanillezucker
- 1 Msp. geriebene Zitronenschale (unbehandelt)
- 1 Prise Salz

Für die Nussbrösel:

- 25 g geriebene Walnüsse
- 10 g Vollkornbrösel/Vollkorn-Paniermehl
- 5 g Butter
- ½ Pkg. Vanillezucker
- 1 TL Zucker
- 1 Prise Zimt

Für das Marillenmus:

- 4 Marillen/Aprikosen
- 30 ml Apfelsaft
- 10 g Zucker
- 1 Vanilleschote
- 1 Prise Zimt, 1 Prise Nelkenpulver

Zubereitung:

Sauerrahm glattrühren, Topfen und Ei einrühren, dann Dinkelgrieß, Vollkornbrösel, Zitronenschale, Vanillezucker und Salz dazugeben und die Masse etwa 30 Minuten ziehen lassen. Mit zwei Esslöffeln kleine Nocken formen, in kochendes Salzwasser geben und für etwa 15 Minuten leicht kochen lassen, dabei nach ca. 5 Minuten zudecken.

In der Zwischenzeit die Zutaten für die Nussbrösel in einer Pfanne hell anrösten. Für das Marillenmus die Marillen halbieren und entsteinen. Das Mark aus der Vanilleschote kratzen. Zucker in einem Topf erhitzen und zu hellem Karamell schmelzen, von der Herdplatte nehmen und mit 50 ml Wasser und dem Apfelsaft aufgießen. So lange rühren, bis sich der Zucker aufgelöst hat. Vanillemark, Nelkenpulver, Zimt und die Marillen dazugeben und etwa 10 Minuten köcheln lassen. Nocken aus dem Wasser heben, in den Nussbröseln wälzen und mit Marillenmus servieren.

Energie	Eiweiß	Fett	Kohlenhydrate	Broteinheiten	Lipaseeinheiten
415 kcal	16 g	19 g	43 g	3,5 BE	38.000 I.E.

Tipp: Wenn Sie herkömmlichen Topfen nicht gut vertragen, wählen Sie die laktosefreie Variante!

HEIDELBEERDESSERT MIT MINZCREME

Zutaten für 2 Portionen:

- 100 g Heidelbeeren/Blaubeeren
- 10 g Zucker
- 125 ml Sauerrahm/Sahne
- 250 g Joghurt (3,6 % Fett)
- 1 EL Holunderbeerensaft oder Schwarzer Johannisbeersaft
- 4 Vollkornbiskotten/Vollkorn-Löffelbiskuit
- ½ Pkg. Vanillezucker
- 2 TL Haselnüsse (gemahlen)
- 125 ml Schlagobers/Sahne
- 5 Minzblätter

Zubereitung:

Heidelbeeren waschen und 2 EL davon beiseitestellen. Den Rest mit Zucker und Vanillezucker kurz erhitzen und auskühlen lassen. Sauerrahm mit einem Schneebesen glattrühren, dann Joghurt, Heidelbeeren und Holundersaft dazugeben. Schlagobers steif schlagen und 2 EL für die Minzcreme beiseitestellen. Vom Rest eine Hälfte in die Joghurtmasse einrühren, die andere Hälfte nur vorsichtig unterheben. Biskotten in kleine Stücke brechen und in zwei Gläser füllen. Zuerst die Joghurtmasse, dann die restlichen Heidelbeeren und zuletzt die Haselnüsse darauf verteilen und die Gläser kühl stellen. Für die Minzcreme die 2 EL Schlagobers mit 3 fein gehackten Minzblättern vermengen. Minzcreme auf der Heidelbeercreme verteilen und mit einem Minzblatt garnieren.

Energie	Eiweiß	Fett	Kohlenhydrate	Broteinheiten	Lipaseeinheiten
533 kcal	10 g	42 g	28 g	2 BE	84.000 I. E.

Tipp: Wenn Sie herkömmliche Milchprodukte nicht gut vertragen, verwenden Sie laktosefreie Varianten!

TOPFENKUCHEN

Zutaten für eine Gugelhupfform (16 Portionen):

- 4 Eier (Zimmertemperatur)
- 100 g Staubzucker/Puderzucker
- 250 g Topfen/Quark (20 % Fett)
- 300 g Dinkelmehl
- 120 ml Rapsöl
- 1 Pkg. Vanillezucker
- 1 Pkg. Backpulver
- Saft und Schale von ½ Zitrone (unbehandelt)
- 1 EL Butter für die Form
- 1 EL griffiges Mehl für die Form

Zubereitung:

Eier trennen und das Eiweiß steif schlagen. Dotter, Zucker und Vanillezucker sehr schaumig schlagen, dann Zitronensaft und -schale dazugeben und unter ständigem Rühren langsam das Öl einfließen lassen. Als Nächstes den Topfen dazugeben, das Mehl mit dem Backpulver sieben und abwechselnd mit dem Eischnee unterheben. Die Masse in eine befettete, bemehlte Kuchenform füllen und etwa 50 Minuten im vorgeheizten Ofen bei 160 °C Heißluft backen.

Energie	Eiweiß	Fett	Kohlenhydrate	Broteinheiten	Lipaseeinheiten
199 kcal	6 g	10 g	21 g	2 BE	20.000 I. E.

Tipp: Wenn Sie herkömmlichen Topfen nicht gut vertragen, verwenden Sie die laktosefreie Variante!

LEBKUCHENMOUSSE MIT ORANGENSAUCE

Zutaten für 2 Portionen:

- 50 g Zartbitterschokolade
- 50 g Lebkuchen
- 1 Blatt Gelatine
- 125 g Topfen/Quark (20 % Fett)
- 1 ½ EL Joghurt
- 125 ml Schlagobers/Sahne
- 2 kleine Orangen (unbehandelt)
- ½ Pkg. Vanillezucker
- 1 EL Zucker
- ½ TL Lebkuchengewürz

Zubereitung:

Schokolade schmelzen, Lebkuchen mit einem Mixer fein zerkleinern und Gelatine in kaltem Wasser einweichen. Topfen, Joghurt, Vanillezucker, Schokolade, Lebkuchenbrösel und Lebkuchengewürz vermischen. Die Gelatine ausdrücken und in wenig heißem Wasser auflösen. Zuerst einen kleinen Teil von der Lebkuchenmasse mit der Gelatine verrühren, dann mit dem Rest vermengen. Schlagobers steif schlagen und vorsichtig unter die Masse heben. Die Masse in Dessertgläschen füllen und kühl stellen.

Für die Orangensauce eine Orange auspressen und die Schale abreiben, die andere filetieren. Zucker in einem Topf karamellisieren, mit dem gepressten Orangensaft ablöschen und köcheln lassen, bis sich der Zucker aufgelöst hat. Dann die Orangenfilets darin schwenken, abkühlen lassen und auf der Lebkuchenmousse verteilen.

Energie	Eiweiß	Fett	Kohlenhydrate	Broteinheiten	Lipaseeinheiten
611 kcal	15 g	38 g	52 g	4 BE	76.000 I. E.

Tipp: Wenn Sie herkömmliche Milchprodukte nicht gut vertragen, verwenden Sie laktosefreie Varianten!

TOPFENTASCHEN

Zutaten für 2 Portionen:

- 60 g Weizenmehl
- 60 g kalte Butter
- 60 g Topfen/Quark (20 % Fett)
- Schale von ½ Zitrone (unbehandelt)
- ½ Eiweiß (zum Bestreichen)
- 1 Prise Salz

Für die Füllung:

- 75 g Topfen/Quark (20 % Fett)
- 40 g Marmelade/Konfitüre

Zubereitung:

Mehl mit kalter Butter mit beiden Händen vermischen, bis kleine Brösel entstehen, mit Topfen, Zitronenschale und Salz rasch zu einem Teig verkneten und etwa 30 Minuten rasten lassen. In der Zwischenzeit Topfen und Marmelade für die Füllung verrühren. Den Teig ausrollen, in Quadrate schneiden und jeweils in die Mitte die Topfenfülle aufbringen. Teig an den Seiten mit Eiweiß bestreichen, zusammenklappen und auf ein mit Backpapier ausgelegtes Backblech legen. Die Taschen auf der Oberseite ebenfalls mit Eiweiß bestreichen und im vorgeheizten Backofen bei 180 °C Ober-/Unterhitze für etwa 25 Minuten backen.

Energie	Eiweiß	Fett	Kohlenhydrate	Broteinheiten	Lipaseeinheiten
448 kcal	13 g	28 g	36 g	3 BE	56.000 I. E.

HEIDELBEER-ZITRONEN-SOUFFLÉ

Zutaten für 2 Portionen:

- 250 g Topfen/Quark (20 % Fett)
- 2 EL Maisstärke
- 3 Eier
- 2 EL Zucker
- 50 g Heidelbeeren/Blaubeeren
- 1 ½ EL Zitronensaft
- 1 EL weiche Butter
- 1 EL Staubzucker/Puderzucker
- 1 TL geriebene Zitronenschale (unbehandelt)
- 1 Prise Zimt

Zubereitung:

Topfen, Maisstärke, Zitronenschale, Zitronensaft und Zimt verrühren. Eier trennen und die Dotter unter die Topfenmasse rühren. Das Eiweiß mit dem Zucker steif schlagen und abwechselnd mit den Heidelbeeren vorsichtig unter die Masse heben. Zwei Backformen mit Butter einfetten, mit Staubzucker auszuckern und die Soufflémasse einfüllen. Im vorgeheizten Ofen bei 160 °C Heißluft etwa 15 Minuten backen.

Energie	Eiweiß	Fett	Kohlenhydrate	Broteinheiten	Lipaseeinheiten
449 kcal	26 g	18 g	44 g	3,5 BE	36.000 I. E.

Tipp: Wenn Sie herkömmlichen Topfen nicht gut vertragen, verwenden Sie die laktosefreie Variante!

BUTTERMILCH-PFIRSICH-TERRINE MIT PFIRSICHPÜREE

Zutaten für 2 Portionen:

- 200 g Pfirsiche (aus der Dose)
- 4 EL Pfirsichsaft oder Kompottsaft
- 6 EL Schlagobers/Sahne
- 2 Blatt Gelatine
- 100 ml Buttermilch
- 50 g Topfen/Quark (20 % Fett)
- 2 Blätter Zitronenmelisse
- 2 EL Vanillezucker
- 1 Spritzer Zitronensaft

Zubereitung:

Eine Kastenform kalt ausspülen und mit Frischhaltefolie auslegen. Gelatine in kaltem Wasser einweichen, die Hälfte vom Schlagobers entnehmen und den Rest aufschlagen. Das entnommene Schlagobers erwärmen und die Gelatine darin auflösen. 100 g Pfirsiche klein würfeln, die andere Hälfte mit Pfirsichsaft und Zitronensaft pürieren. Buttermilch und Vanillezucker zur Gelatinemischung rühren, anschließend den Topfen zugeben. Gewürfelte Pfirsiche und geschlagenes Obers unterheben, in die Form füllen, mit der Frischhaltefolie zudecken und für etwa 6 Stunden kühl stellen.

Die Terrine aus der Form stürzen, in Scheiben schneiden, auf dem Pfirsichpüree anrichten und mit Zitronenmelisse garnieren.

Energie	Eiweiß	Fett	Kohlenhydrate	Broteinheiten	Lipaseeinheiten
273 kcal	7 g	10 g	37 g	3 BE	20.000 I. E.

Tipp: Wenn Sie herkömmliche Milchprodukte nicht gut vertragen, wählen Sie die laktosefreien Varianten!

BRIOCHESTRIEZEL

Zutaten für 2 Portionen:

- 100 g Topfen/Quark (20 % Fett)
- 20 ml Milch
- 30 g Zucker
- 1 Ei
- 120 g glattes Mehl
- 100 g Weizenvollkornmehl
- ½ Pkg. Backpulver
- 15 g Butter (zimmerwarm)
- 1 EL Rosinen
- 3 EL Mandelblättchen
- 2 EL Milch zum Bestreichen
- 1 Ei zum Bestreichen

Zubereitung:

Topfen, Milch, Zucker und Ei verrühren und die beiden Mehlsorten mit dem Backpulver versieben. Die Butter in Stücke schneiden und zur Topfenmasse geben. Dann Mehlmischung und Rosinen dazugeben und mit Knethaken (alternativ mit der Hand) zu einem glatten Teig kneten. Anschließend den Teig etwa 3 Minuten mit der Hand weiterbearbeiten. Den Teig dritteln, zu drei gleich langen Strängen formen und daraus Striezel flechten. Das Ei und die Milch verquirlen, Striezel damit bestreichen und mit den Mandelblättchen bestreuen. Im vorgeheizten Backofen bei 180 °C Ober-/Unterhitze für etwa 30 Minuten backen. Ausgekühlt mit Butter und Marmelade anrichten.

Energie	Eiweiß	Fett	Kohlenhydrate	Broteinheiten	Lipaseeinheiten
198 kcal	8 g	7 g	25 g	2 BE	14.000 I. E.

Tipp: Machen Sie die doppelte Masse! Die Striezel eignen sich gut zum Einfrieren. Dafür die ausgekühlten Striezel in Butter-, Backpapier oder Frischhaltefolie wickeln und in den Tiefkühler geben. Bei Bedarf herausnehmen und auftauen lassen, eventuell kurz aufbacken oder auf niedriger Stufe in der Mikrowelle wärmen.

Die Energie- und Nährwertberechnung wurde mit dem Programm nut.s – nutritional software durchgeführt. Die Gramm-Angaben bei Eiweiß, Fett und Kohlenhydraten wurden für die tabellarischen Darstellungen auf ganze Zahlen gerundet.

Der Angabe der Broteinheiten liegt der Umrechnungsfaktor 10–12 Gramm Kohlenhydrate für eine Broteinheit zugrunde. Für die tabellarischen Darstellungen wurde auf ganze bzw. halbe Broteinheiten gerundet.

Für die Angabe der Lipaseeinheiten ist der Faktor 2.000 I. E. Lipase pro Gramm Nahrungsfett die Basis der Berechnung.

REZEPTVERZEICHNIS

Frühstück

Suppen und Eintöpfe

Vegetarische Gerichte

Gerichte mit Fleisch

Fischgerichte

Süße Hauptspeisen

Kalte Gerichte

Kleine Gerichte und Zwischenmahlzeiten

Desserts

KLEINES KÜCHENLEXIKON

al dente	bissfest (z. B. bei Nudeln)
Amaranth	Pseudogetreide aus Südamerika, das als Getreideersatz verwendet wird und sehr nährstoffreich und verträglich ist
Arborio-Reis	Reissorte, die v. a. für Risotto verwendet wird
Balsamico Glace	durch Einkochen reduzierte Essigmischung mit sirupartiger Konsistenz
Béchamel	Grundsauce, bei der Milch, Butter und Mehl unter Rühren erhitzt werden (z. B. für Lasagne)
Biskotte	Löffelbiskuit
Brösel	Semmelbrösel, Paniermehl
Buchtel	süße Hauptspeise aus Hefeteig, die mit Konfitüre gefüllt und im Ofen gebacken wird
Burrata	italienischer Frischkäse; Sonderform von Mozzarella, die meist aus Kuhmilch hergestellt wird
Faschiertes	Hackfleisch
Flammeri	Creme oder Pudding aus Milch, Zucker und Stärke
Fleckerl	kleine, quadratische Teigwaren
Germ	Hefe
Grahamweckerl	Grahambrötchen; nach Sylvester Graham benanntes Gebäck, das Vollkorn enthält, oftmals mit Zusatz von Kleie
Gugelhupf	Napfkuchen oder Kranzkuchen aus Hefeteig
Kaiserschmarren	Süßspeise aus gerissenem Pfannkuchenteig, oft mit Rosinen gefüllt
Karfiol	Blumenkohl
Kirschenmichl	süddeutsche Süßspeise mit einem Teig aus altbackenem Weißbrot und Milch, gefüllt mit Sauerkirschen
Kornspitz	Weizenkleingebäck
Knödel	Kloß
Kren	Meerrettich
Kriecherl, Ringlotte	Reineclaude, Edelpflaume
Marille	Aprikose

Marmelade	Konfitüre
Maroni	Maronen, Esskastanien
Melanzani	Aubergine
nappieren	gleichmäßig übergießen (z. B. mit Sauce)
Nockerl, Nocken	Klößchen aus einem leichten Teig; sie können süß oder pikant sein, z. B. als Suppeneinlage oder Beilage
Nockerlsieb	Durchschlagsieb, Spätzlesieb
Overnight Oats	müsliähnliches Frühstück aus Haferflocken, die mit weiteren Zutaten über Nacht eingeweicht werden
Palatschinken	Pfannkuchen, Eierkuchen
Powidl	Pflaumenmus (Konfitüre)
Quinoa	Pseudogetreide aus Südamerika mit nussigem Geschmack; sehr fettarm und verträglich
Ribisel	Johannisbeere
Royale	Eierstich, der mit Sahne statt Milch hergestellt wird
Sauerrahm	saure Sahne
Scheiterhaufen	Süßspeise auf der Basis von in Milch eingelegtem Weißbrot
Schlagobers	Sahne, Schlagsahne
Semmelbrösel	Paniermehl
Semmelwürfel	altbackenes Weißbrot, im Handel gewürfelt erhältlich (z. B. als Basis für Semmelknödel)
Staubzucker	Puderzucker
Striezel	Hefezopf
Topfen	Quark
Tortilla	dünne Teigfladen aus Weizen- oder Maismehl
Vogerlsalat	Feldsalat
Weckerl	Brötchen
Weichsel	Sauerkirsche
Wrap	Tortilla-Fladen, die je nach Rezept unterschiedlich gefüllt und eingerollt werden
Zwetschke	Pflaume

ABKÜRZUNGEN

BE	Broteinheit
BIA	Bioelektrische Impedanz-Analyse
BMI	Body-Mass-Index
bspw.	beispielsweise
bzw.	beziehungsweise
ca.	circa, ungefähr
etc.	et cetera
EL	Esslöffel
ERCP	endoskopische retrograde Cholangiopankreatikografie
evtl.	eventuell
F. i. T.	Fett in der Trockenmasse
g	Gramm
ggf.	gegebenenfalls
I. E.	Internationale Einheiten
i. d. R.	in der Regel

kcal	Kilokalorien
kg	Kilogramm
l	Liter
MCT	mittelkettige Triglyceride
ml	Milliliter
Msp.	Messerspitze
OP	Operation
Pkg.	Packung, Päckchen
sog.	sogenannte, sogenannter, sogenanntes
TL	Teelöffel
u. a.	unter anderem, unter anderen
u. Ä.	und Ähnliches
usw.	und so weiter
v. a.	vor allem
z. B.	zum Beispiel
°C	Grad Celsius

LITERATUR

AGES (2020), WHO Zucker Empfehlungen, verfügbar unter https://www.ages.at/themen/ernaehrung/who-zucker-empfehlungen/ (Zugriff am 24. Januar 2021).

Allin nutrition GmbH (o. J.), Was sind Eiweißportionen, verfügbar unter https://allinnutrition.com/pages/was-sind-eiweissportionen? (Zugriff am 10. Februar 2021).

Arends, J., Bachmann, P., Baracos, V., Barthelemy, N., Bertz, H., Bozzetti, F., Fearon, K., Hütterer, E., Isenring, E., Kaasa, S., Krznaric, Z., Laird, B., Larsson, M., Laviano, A., Mühlebach, S., Muscaritoli, M., Oldervoll, L., Ravasco, P., Solheim, T., Strasser, F., van der Schueren, M. de und Preiser, J.-C. (2017), ESPEN guidelines on nutrition in cancer patients. In: Clinical Nutrition, 36. Jg., Nr. 1, S. 11–48.

Arends, J., Bertz, H., Bischoff, S., Fietkau, R., Herrmann, H., Holm, E., Horneber, M., Hütterer, E., Körber, J. und Schmid, I. (2015), S3-Leitline der Deutschen Gesellschaft für Ernährungsmedizin e. V. (DGEM) in Kooperation mit der Deutschen Gesellschaft für Hämatologie und Onkologie e. V. (DGHO), der Arbeitsgemeinschaft „Supportive Maßnahmen in der Onkologie, Rehabilitation und Sozialmedizin“ der Deutschen Krebsgesellschaft (ASORS) und der Österreichischen Arbeitsgemeinschaft für klinische Ernährung (AKE). In: Aktuelle Ernährungsmedizin, 40. Jg., Nr. 05, e1–e74.

Arvanitakis, M., Ockenga, J., Bezmarevic, M., Gianotti, L., Krznarić, Ž., Lobo, D. N., Löser, C., Madl, C., Meier, R., Phillips, M., Rasmussen, H. H., van Hooft, J. E. und Bischoff, S. C. (2020), ESPEN guideline on clinical nutrition in acute and chronic pancreatitis. In: Clinical Nutrition, 39. Jg., Nr. 3, S. 612–631.

Belyaev, O. und Uhl, W. (2018), Chronische Pankreatitis – ein Update aus Sicht des Chirurgen. In: Zentralblatt für Chirurgie, 143. Jg., Nr. 6, S. 586–595.

Biesalski, H. K., Bischoff, S. C., Pirlich, M. und Weimann, A. (2017), Ernährungsmedizin. Stuttgart. doi:10.1055/b-004-132260

Bojunga, J. und Schlereth, F. (2018), Diabetes mellitus Typ 3c – Prävalenz, Diagnose, Besonderheiten der Therapie. In: Der Diabetologe, 14. Jg., Nr. 4, S. 269–277.

Bojunga, J., & Schlereth, F. (2018), Diabetes mellitus 3c – Prävalenz, Diagnose, Besonderheiten der Therapie. In: Der Diabetologe, 14, S. 269–277. doi: doi.org/10.1007/s11428-018-0346-7

Bundeszentrum für Ernährung (2009), Monica-Mengenliste, https://www.ble-medienservice.de/0654/monica-mengenliste (Zugriff am 6. Februar 2021).

D-A-CH Referenzwerte (o. J.), Energie, https://www.dge.de/wissenschaft/referenzwerte/energie/ (Zugriff am 24. Januar 2021).

D-A-CH Referenzwerte (o. J.), Fett, https://www.dge.de/wissenschaft/referenzwerte/fett/?L=0 (Zugriff am 31. Januar 2021).

D-A-CH Referenzwerte (o. J.), Protein, https://www.dge.de/wissenschaft/referenzwerte/protein/?L=0 (Zugriff am 31. Januar 2021).

dato Denkwerkzeuge nut.s science (2021), nut.s science (v1.32.89), www.nutritional-software.at (Zugriff am 7. Februar 2021).

Deutsche Gesellschaft für Ernährung (2016), Alarm im Darm – Das Mikrobiom im Fokus der Ernährungstherapien. In: Ernährungs Umschau, Nr. 2, S. 120–121.

Deutsche Gesellschaft für Ernährung e. V. (2021), Mittelkettige Triglyceride für die Adipositastherapie nicht empfehlenswert, https://www.dge.de/wissenschaft/weitere-publikationen/fachinformationen/mittelkettige-triglyceride-adipositastherapie/ (Zugriff am 7. Februar 2021).

Eiter, A., Emsenhuber, B., Entstrasser, J., Gabl, S., Kugel, E., Kurtze, T., ..., Wohfahrtstätter, P. (2015), Ernährungstabellen für Menschen mit Diabetes. Hrsg. v. Verband der Diätologen Österreichs, Wien.

Elmadfa, I. (2019), Ernährungslehre, 4., überarbeitete Auflage. Stuttgart: Ulmer/utb.

Elmadfa, I. und Leitzmann, C. (2019), Ernährung des Menschen, 6., überarbeitete und aktualisierte Auflage. Stuttgart: Ulmer/utb.

FETeV (2016), Wissenswertes zu Eiweißen, https://fet-ev.eu/produkt/miniposter-eiweisse/ (Zugriff am 24. Januar 2021).

FETeV Redaktion (2018), Trans-Fettsäuren: Stellenwert in der Ernährung, https://fet-ev.eu/trans-fettsaeuren/ (Zugriff am 24. Januar 2021).

FETeV Redaktion (2019), Fette, Fettsäuren und fettmodifizierte Zufuhr, https://fet-ev.eu/fette-fettsaeuren/ (Zugriff am 24. Januar 2021).

FETeV Redaktion (2020), Kohlenhydrate – Überblick (inkl. modifizierte Zufuhr), https://fet-ev.eu/kohlenhydrate/ (Zugriff am 24. Januar 2021).

FETeV Redaktion (2021), Ballaststoffe (Nahrungsfasern) und modifizierte Zufuhr, https://fet-ev.eu/ballaststoffe/ (Zugriff am 24. Januar 2021).

FETeV Redaktion (2021), Zucker und Süßungsmittel – ein Überblick, https://fet-ev.eu/zucker-suessungsmittel/ (Zugriff am 24. Januar 2021).

Hahn, S. und Ferschke, M. (2017), Der Verdauungstrakt. Teil 4: Pankreas. In: Ernährungs Umschau, Nr. 3, S. 154–161.

Hauner, H., Beyer-Reiners, E., Bischoff, G., Breidenassel, C., Ferschke, M., Gebhardt, A., ..., Adam, O. (2019), Leitfaden Ernährungstherapie in Klinik und Praxis (LEKuP). In: Aktuelle Ernährungsmedizin, 44, S. 384–419. doi: https://doi.org/10.1055/a-1030-5207

Hoffmeister, A., Mayerle, J., Beglinger, C., Büchler, M. W., Bufler, P., Dathe, K., Fölsch, U. R., Friess, H., Izbicki, J., Kahl, S., Klar, E., Keller, J., Knoefel, W. T., Layer, P., Loehr, M., Meier, R., Riemann, J. F., Rünzi, M., Schmid, R. M., Schreyer, A., Tribl, B., Werner, J., Witt, H., Mössner, J. und Lerch, M. M. (2012), S3-Leitlinie Chronische Pankreatitis: Definition, Ätiologie, Diagnostik, konservative, interventionell endoskopische und operative Therapie der chronischen Pankreatitis. Leitlinie der Deutschen Gesellschaft für Verdauungs- und Stoffwechselkrankheiten (DGVS). In: Zeitschrift für Gastroenterologie, 50. Jg., Nr. 11, S. 1176–1224.

Jagemann, B. und Manthey, C. (2020), Pankreasinsuffizienz – oft spät erkannt: Was kann die Ernährungstherapie leisten? In: Aktuelle Ernährungsmedizin, 45. Jg., Nr. 05, S. 337–347.

Kling, C. (2020), Ernährung bei Pankreaserkrankungen. In: Ernährung & Medizin, 35. Jg., Nr. 03, S. 127–131.

Koch, A., und Trautwein, C. (2018), Ernährungsmedizin – nach dem Curriculum Ernährungsmedizin der Bundesärztekammer. Leber, Gallen- und Pankreaserkrankungen. Stuttgart: Thieme.

Koch, A. und Trautwein, C. (2018), Leber, Gallen- und Pankreaserkrankungen. In: Biesalski, H. K., Bischoff, S. C., Pirlich, M. und Weimann, A. (Hg.), Ernährungsmedizin. Stuttgart: Thieme.

Leibold, J., Riessen, R. und Haap, M. (2015), Ernährungskonzepte bei akuter Pankreatitis. In: Aktuelle Ernährungsmedizin, 40. Jg., Nr. 02, S. 93–97.

Mylan: Kreon (reg. TM) Dosierungs-Empfehlungen. Patientenservice (2. Dezember 2020), https://www.mycare4you.de/fileadmin/user_upload/mukoviszidose/MH_Kreon_UEA_DKar_Pat_w.pdf

Ockenga, J., Löser, C., Kraft, M. und Madl, C. (2014), S3-Leitlinie der Deutschen Gesellschaft für Ernährungsmedizin (DGEM) in Zusammenarbeit mit der GESKES, der AKE und der DGVS. In: Aktuelle Ernährungsmedizin, 39. Jg., Nr. 01, e43–e56.

Österreichische Gesellschaft für Ernährung (2019), BMI, https://www.oege.at/index.php/bildung-information/ernaehrung-von-a-z/1757-bmi (Zugriff am 3. Februar 2021).

Picker, J. (2019), Ernährungs- und Verpflegungsmanagement: Portionsgrößen und Mengen. FH Gesundheitsberufe OÖ, Studiengang Diätologie (Moodle; nicht öffentlich).

Pirlich, M. und Norman, K. (2018), Bestimmung des Ernährungszustands (inkl. Bestimmung der Körperzusammensetzung und ernährungsmedizinisches Screening). In: Biesalski, H. K., Bischoff, S. C., Pirlich, M. und Weimann, A. (Hg.), Ernährungsmedizin. Stuttgart: Thieme, S. 450–468.

Plauth, M. (2017), Akute Pankreatitis, https://www.pschyrembel.de/akute%20Pankreatitis/KooVo/doc/ (Zugriff am 13. Dezember 2020).

Schäfer, C. (2019), Laktoseintoleranz. Ein Update zu Entstehung und Therapie. In: Ernährungs Umschau, Nr. 5, S. 288–301.

Schlieper, C. A. (2017), Grundfragen der Ernährung, Ernährung, 22., überarbeitete Auflage. Hamburg: Dr. Felix Büchner – Handwerk und Technik.

Valentini, L., Volkert, D., Schütz, T., Ockenga, J., Pirlich, M., Druml, W., Schindler, K., Ballmer, P., Bischoff, S., Weimann, A. und Lochs, H. (2013), Leitlinie der Deutschen Gesellschaft für Ernährungsmedizin (DGEM). In: Aktuelle Ernährungsmedizin, 38. Jg., Nr. 02, S. 97–111.

Vaupel, P. und Biesalski, H. K. (2018), Lipide. In: Biesalski, H. K., Bischoff, S. C., Pirlich, M. und Weimann, A. (Hg.), Ernährungsmedizin. Stuttgart: Thieme, S. 124–144.

Verband der Diätologen Österreichs (2015), Ernährungstabellen für Menschen mit Diabetes. Broteinheiten Austauschtabelle. Wien.

Weitgasser, R., Abrahamian, H., Clodi, M., Zlamal-Fortunat, S. und Hammer, H. F. (2016), Exokrine Pankreasinsuffizienz und Diabetes mellitus. In: Wiener klinische Wochenschrift, 128 Suppl 2, S. 163–166.

Wirtz, T. H., Puengel, T., Buendgens, L., Luedde, T., Trautwein, C. und Koch, A. (2020), Diagnostik und Therapie der schweren akuten Pankreatitis in der Intensivmedizin. In: Deutsche medizinische Wochenschrift (1946), 145. Jg., Nr. 12, S. 850–862.

Agnes Budnowski
Flora Koller
Martina Kreuter-Müller
Maya Thun

Ernährung bei Osteoporose

maudrich.gesund essen

maudrich, 2. Auflage 2018, 148 Seiten,
durchgehend 4-farbig, Klappenbroschur
EUR (A) 16,90 / EUR (D) 16,40 / sFr 21,70 UVP
ISBN 978-3-99002-065-4
e-ISBN 978-3-99030-677-2

Die besten Tipps für starke Knochen

Kalzium als „Knochenbauer“ ist in der Vorsorge und Therapie von Osteoporose längst bekannt. Auch die positive Wirkung von „Supervitamin“ D ist kein Geheimnis mehr. Doch welche anderen Nährstoffe können den Aufbau der Knochenmasse zusätzlich unterstützen? Und gibt es tatsächlich auch „Knochenräuber“?
Drei Diätologinnen und eine Fachärztin klären diese und viele weitere Fragen und zeigen Ihnen, wie Sie über die Ernährung ganz einfach Ihre Knochen stärken können. Dazu finden Sie viele schnelle Rezepte für jeden Geschmack.

Ihr Plus

- Über 140 knochenbewusste Rezepte
- Genaue Nährwertangaben und Symbole zum Nährstoffgehalt
- Viele Tipps und Empfehlungen
- Mit gratis Einkaufslisten-App